高山なおみ

ロシア日記

――シベリア鉄道に乗って

絵・川原真由美

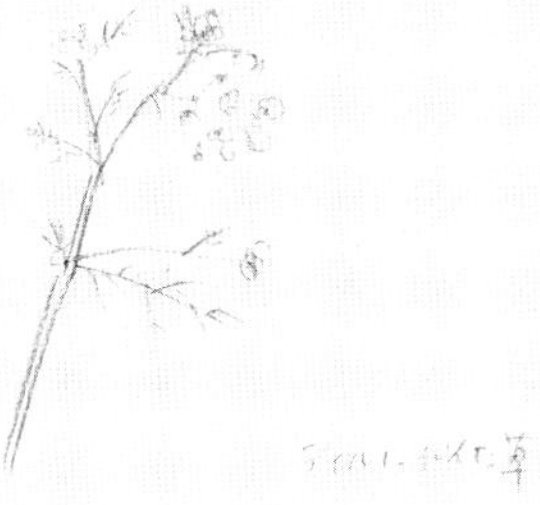

新潮社

遅れまいと小走りに歩いていた老人がふっと立ちどまった。「わし、なんでここにいんならんのやろ」老人のしんからのひとりごと。私もそうだ。いま、どうしてここにいるのかなあ。東京の暮しは夢の中のことで、ずっと前から、生れる前から、ここにいたのではないか。

武田百合子『犬が星見た』より

RUSSIA
サンクトペテルブルク
モスクワ
リストヴャンカ
バイカル湖
イルクーツク
ハバロフスク
ウラジオストク
境港
東京
トンヘ
タシケント
ウズベキスタン

目次

6月のロシアはサマータイムだった。

夜の10時ぐらいにならないと陽が沈まないのだけど、毎日毎日、時間の方が早く過ぎてしまい、気持ちが追いついてゆかないような。ずっと、そんな旅だった。

日記帳とカメラは、小さな肩かけカバンに入れて肌身離さず持っていた。何を見ても、何を食べてもめずらしく、メモしたいことがあればすぐにとり出して書きつける。書きたいことがたくさんあって、まだ書ききれていないのに、もう新しいことがはじまってしまう。新しいことといっても、散歩に出たり、ごはんを食べたりするだけなのだけど。

武田百合子さんの『犬が星見た』をはじめて読んだのは10年ほど前のこと。何度も何度も読み返し、そのたびに百合子さんや泰淳さん、銭高《ぜにたか》老人と船に乗り、鉄道に揺られ、見知らぬ街を歩き、本の中をいっしょに旅してきた。

『犬が星見た』は、昭和44年6月10日の百合子さんの日記からはじまるのだけど、42年後の今（2011年）、ロシアは大きくうつり変わって、小さな国々は独立し、入国できないところもあるそうだ。船の発着場所や飛行機も、当時とはずいぶん変ってしまっているので、百合子さんたちが通った道すじをそのままたどることは、今となってはもうありえない。

憧れの地、ロシア。旅の友は、友人でもある絵描きの川原真由美さん。たまにはひとりで過ごしたくなることもあるかもしれない……なんて、出かける前には思っていたけれど、まったくそんなことはなく、ホテルはずっとふたり部屋で、毎日毎日、しつこいくらいいっしょにいた。

装丁　葛西　薫
絵　川原真由美

ロシア日記

シベリア鉄道に乗って

1　出発

6月18日（土）曇り、涼しい

5時に起きてしまった。ゆうべは11時に寝たし、ぐっすり眠れたからいいやと思って。明日は船の中から陽の出を見ることになりそうだし、これからの日々も、陽の出、陽の入りと共に過ごすかもしれないので。川原さんも早起きだから、きっとそうなる。

朝っぱらから洗濯機を回したり、スーツケースの中身をもういちど見直したり。やることがなくなったので、仕事部屋をさっぱりと片付け、いつもよりていねいに雑巾がけをした。旅に出る前はいつもそう。たぶん心の奥にほんの1ミリばかし、もしかすると戻ってこれないかもしれないことを思っている。

11時にタクシーが迎えにきて、新潮社のあぜつさん、川原さんと羽田空港へ。米子空港行きの便のチェックインを済ませ、昼ごはん。鴨南うどん（川原、あぜつ）、ぶっかけ温玉冷やしうどん（私）。

食べ終わってのんびりお茶を飲んでいるとき、ふと、荷物を預けていなかったことに気がついた。チェックインカウンターに駆け込んでも、すでにもう時間切れ。スーツケースは機内持ち込みとなった。

手荷物検査でハサミが引っかかるだろうから、慌てて取り出し、見送りのあぜつさんに預ける。けど川原さんも私も、水筒の中身を調べられたり、X線検査でアーミーナイフがみつかったりで、ずいぶん時間をとられてしまった。搭乗時刻はすでに過ぎている。

息つく暇《いとま》もなく、スーツケースを引っ張って川原さんとふたりで走った。走りながら、向こうから歩いてくるアテンダントさんに遅れていることを告げると、彼女もいっしょになって走り出した。私のスーツケースをつかんで伴走しながら、無線で連絡をとっている。走りながらなのに息も上がらず、「大丈夫ですか？」と、優しく声をかけてくださる。同じ制服を着たふたりが応援に駆け寄ってきて、川原さんのスーツケースをつかむと猛ダッシュで駆け出した。ハイヒールの足が、陸上選手のように跳ねている。

けっきょく、私たちの搭乗口は、空港のいちばん端っこだった。どうにかぶじに乗ることができたけど、「これからの教訓にしよう。ここから先は、時間がたっぷりあっても甘くみず、うんと早めに着いたときだけ、ゆっくりすることにしよう」と、ふたりで話す。私は境港《さかいみなと》から乗る船のことばかりに気をとられ、飛行機のことはほとんど頭になかった。自分が今、どこにいるのかさえ分からないようなぼんやりした頭のまま、何でもかんでもあぜつさんにお任せしていたからだ。

3時15分、米子空港着。

タクシーで境港の船着き場へと向かいながら、道すがらの釣り具店で、ハサミとナイフ（釣った魚を開くための携帯用）を買う。川原さんも私と同じハサミと、カッターナイフを買った。

船着き場の待ち合い室に入ったら、いきなり外国になった。

片隅にある売店では、金髪のロシア人のおばさんと、長い髪をひっつめた韓国人の痩せた女の人が暇そうに店番をしていて、新聞や雑誌（韓国語とロシア語の）、缶に入ったビスケットの詰め合わせや袋菓子（日本のもの）、韓国産のペットボトルのお茶やジュースを並べて売っている（冷やしていない）。どれもうっすらと埃をかぶり、せんべいの袋はしわがよっている。キオスクのように、柱や屋根で囲われているわけではない。待ち合い室の椅子の後ろに台を置き、商品を並べて売っているだけ。私が子どものころの、駅の売店のよう。

日本が逆さになった地図が、壁に貼ってある。太平洋が上にあり、北海道を左にして日本列島が寝そべっている。海を挟《はさ》んでその下に朝鮮半島、続くロシアが地図いっぱいに広がっている。私たちの船の航路が、赤い矢印で記してある。まず、韓国の東海へ寄り、そのあとウラジオストクへ。

椅子に腰かけて待っているのはほとんどが韓国人で、ロシア人らしき人がちらほら。韓国の人は、顔つきは日本人にそっくりなのだけど、どこかが違う。おばさんも若い子も、太った人も痩せた人も、女の人たちはたいがいスポーツウエアの上下を着て、ヒールの高いサンダルを素足につっかけている。

税関の列の最後に私たちも並んだ。

パスポートと予約票を、ガラスの向こうのロシア人のおばさんに渡す。窓口の脇に立っている制服姿のおじさんもまた、日本語が達者な韓国人だった。「荷物は預けるか?」と聞かれたが、着替えその他、2泊3日の船中で必要なものがすべてスーツケースに入っているから、預けないことにする。東海でいちど船から降ろされるのだけど、部屋の荷物はそのまま、体ひとつで出ればいいのだそう。親切に教えてくれた。

タラップを上って船内へ入ると、うっすらとキムチの匂いがする。

私たちの部屋は1011号室。オレンジ色のマットレスと布団が4組み、折りたたんで壁に並べてあった。畳半分ほどの窓がついていて、そこから海が見える。トイレも広くて(なぜかシャワーもついている)清潔そうだし、バスタオルもふかふか。

「広くてよかったね」「窓もあるね」などと言い合いながら、ふたりだけの貸し切りのつもりで、のんびり荷物を整理していたら、ロシア人の若いお母さんと小さな女の子が入ってきた。入口のところに荷物だけ置くと、ふたりは部屋を出ていった。大急ぎで私たちの荷物を片側に寄せ、布団も家族と少し離れたところへ敷いておく。

お菓子を買って戻ってきたお母さんは、30代前半くらいだろうか。ロシア人にしては小柄で、とても美人。控えめな雰囲気で、なんとなく、ナターシャという感じの人。娘は幼稚園くらい。私たちは自己紹介をした。女の子はアリーシャ、お母さんはビクトリア。日本人の旦那さんと大阪で暮らしているのだそう。

「ど、どうしてロシア行きたいですか？」と、ビクトリアが私に聞く。ビー玉みたいな青い目玉をキラキラさせながら。ビクトリアはアリーシャと話しているときには、巻舌でロシア語を流暢《りゅうちょう》に喋《しゃべ》るけど、日本語になるとほんの少しだけ吃《ども》る。「ずっと行ってみたかったからです」と私は答えた。取材とは言わない。本を読んでとも言わない。

川原さんと船の中をあちこち探検する。女風呂（ＳＡＵＮＡと書いてある）と食堂がどこにあるのか分かった。どこからか、スパイスが効いた鶏の空揚げの匂いがしてくる。

6時半、夕食。

入り口で７００円を払い、好きなおかずをお皿に食べたいだけよそって、テーブル（相席）で食べるバイキング方式。

食堂は韓国の人たちでいっぱいで、とても賑やかだ。男も女も、おじさんもおばさんも、盛んにお喋りしながらがつがつ食べている。ご飯を山盛りよそった上に、頭つきの海老を10匹ものせ、指先で器用に殻をむしり取っては、顔を横に倒してむしゃぶりついているおばさん。

窓際の席が偶然空いたので、私たちはふたりで向かい合い、ゆったりと食べる。

私の皿にはチャプチェ（春雨、牛肉、にんにくの茎、にんじんの韓国式炒め物）、牛肉のフライ（空揚げの匂いだと思っていたのはこれみたい。にんにくや唐辛子、甘じょっぱい下味がしっかりついている）、サラダ（ブロッコリー、トマト、コーン）、甘くない黒豆煮、海老の焼いたの、にぼしのような小魚とごまを和えたもの、キムチ、ご飯。スープは牛テールの味がする。ご飯を入れて食べたら、クッパみたいでおいしかった。チャプチェもおいしかったので、おかわりした。

隣の丸テーブルにぐるりと6人ばかし、韓国の女たちが陣取っている。スポーツウエアに金色のイヤリング。きっちり化粧をしてサングラスを頭の上にのっけ、テーブルの下の脚を開いて喋りまくっている。何人かで同時に喋る。日本語にすると、「ぶちなんとかでさー、そいでそいつがよう―」「おうおう、そんでどーした」と聞こえそうな、べらんめえ口調。お腹の中で思っていることまで、ひとつ残らず顔と声に現れ出ているような喋り方。韓国の女たちは頼もしいな。全員がうちの姉のよう。

7時、夕食を食べ終わりかけたころ、船が動き出した。

陸から離れるところを見たいので、急いで甲板の通路へ出る。写真を撮っていたら、韓国人のおじさんが、私のカメラのレンズが向いている方を、いかにも（何かおもしろいもんでもあるんか？）という様子で、手すりから身をのり出して見ている。見ても、ただの陸地と曇った空だけなので、私の顔を不思議そうにのぞき込みながら通り過ぎた。

甲板に上る。遠くに見える対岸の、ひょっこりひょうたん島みたいな岬の先に立っている、ちび鉛筆みたいなのは灯台だろうか。あそこは、鳥取県のどこかの半島だろうか。地図で確かめてみたい。

岬に続く山の上は、霧でけぶっている。空は、薄墨に水色が混じったような色。

岬の先っぽが、自分の立っているところと一直線の位置にくるまで、私は目をこらしてじっと見る。船はどんどん進んでいるのだけど、なかなかそこまでこない。ふと振り返ったら、川原さんが私の後ろ姿の絵を描いていた。脚を開き、仁王立ちになって風に吹かれ、まっすぐに前を見据えている私。

甲板の後部にまわってみると、今まで進んできた道（というのだろうか）が、足あとのように白いスジになっている。飛行機雲みたいに。奥の陰になったところに、ふたりがちょうど立てるくらいのUの字を逆さにした出っぱりをみつけた。ふたりで、はまるようにしてそこに立ってみる。向かい風が、かなり強い。船は、大きくカーブした。

川原「ここにいると、ふたりだけのためにこの船が進んでいるように思う」

陽が沈もうとしているあたりに、うっすらと茜色のスジが見える。

空は、グレーを混ぜたような蒼色《あおいろ》。

なかなか暗くならない。暗いのだけど、ひそやかな夕焼けのスジは消えない。

気がつけばまわりは暗く沈んでいるのに、茜色がゆっくりと鮮やかさを増し、そこだけショッキングピンクなのだった。遥か遠くに見える海と空の境目が薄ぼんやりとして、すべてが茫々《ぼうぼう》としている。

パーカーを2枚羽織り、フードをかぶって、完全にピンクがなくなるまで、私たちはそこにいた（ようやく陽が沈んだのだ）。

私だけお風呂へ。

こざっぱりとした脱衣所。ロッカーには鍵などついていない。アコーディオンカーテンを開けると、女たちはみな股を広げて腰かけ、テキパキと体をこすっている。空いているところがひとつあったので（たぶんそこは湯舟に浸かっている人の席だと思うのだけど）、頭を洗っている隣のおばさんに、（座っていいか？）と目で合図をすると、泡の間からにっこり笑って頷《うなず》いた。

ずっと前に、夫と韓国の列車に乗ったときのことを思い出した。おばちゃんたちは空いている席がひとつでもあると、私たちを手まねきして座るようにと薦めてくれた。予約席でもなんでも、空いていたら手すりにまで誰かが座る。座席指定の切符を持った人が乗ってきたら、平然とした顔をして、スイッと立ち上がればいいのだ。

韓国の女たちは、ピンと張った肌をしている。広げた股にシャワーをかけ、盛大にゴシゴシこする。流しに髪の毛が落ちていたって、そんなのは気にしない。堂々と、悠然と、業務のようにして洗っている。何も喋らず、自分の体だけに向かい合って洗う。そのすがすがしいこと。私は好きだなあ。

温泉みたいな湯舟（檜《ひのき》だそう）に浸かると、ゆらり、ゆらりと左右に揺れる。それでようやく、船に乗っていたことを思い出した。

ビクトリアたちはシャワーを浴びた（女風呂とは別のところに、プールの更衣室のような小部屋がある）もよう。川原さんもシャワーにしようとしていたらしいが、私に強く薦められてお風呂へ。

日記を書き終わって甲板の通路に出ると、海も空もどこまでも真っ暗闇。足もとの遥か下の方で、船が蹴り上げる波頭だけが白く泡立っている。

空中に目をこらすと、ぼんやり光る鳥が一羽、真横を飛んでいる。前をいったり後ろへ下がったり、船と競争して遊んでいるみたい。

12時に寝る。

6月19日（日）晴れ

5時45分に目が覚める。カーテンがオレンジ色に染まっている。もう、陽が昇ってしまった。甲板の通路へ出ると真っ青な海。太陽の真下から、白く光る眩しい道ができている。「光の大通り」だ。部屋に戻ると、その残像が目の中でオレンジ色の玉となり、ずいぶん長いこと見えにくかった。

ゆうべはよく眠れなかったな。明け方、韓国のイケメングループが部屋に押し入ってきて、お金やカードなど、貴重品をことごとく盗まれる夢をみた。私はパスポートや現金、帰りの飛行機のチケットなど、大事な物はすべて黒いセイフティーバッグにしまう。これからは腰に巻いて後ろにまわし、肌身離さずつけておくことに決めた。

私は朝風呂へ。湯舟のお湯が、まだ15センチほどしか溜まっていなかった。先客のおばちゃんの真似をして（彼女が出てから）、私もその湯溜まりへ仰向けに寝転んでみる。ちょうど体が浸ってとてもいい具合。歯ブラシをくわえながら、ブラジャーとパンツで入ってきて頭だけ濡らしていたおばちゃんは、脱衣場の鏡の前できっちりとカーラーを巻き込み、ドライヤーを当てていた。もうひとりのおばちゃんの髪の毛はすでにクルンクルンにセットされ、化粧も終わっている。

朝ごはんは、コロッケ（うすら甘い）、スクランブルエッグ&ケチャップ、マカロニサラダ、きゅうりとコーンのサラダ（マヨネーズだけど、砂糖が混ざっているみたい）、ご飯、クロワッサン風の小さなパン。牛乳は、濃くてとてもおいしい。スイカのコンポートが甘過ぎるので、牛乳で薄めて食べた。

バイキングのテーブルでスープをよそい、立ったままその場で飲んでいるおじさんがいる。韓国の人たちは、行儀が悪いことを、人前で堂々とやってもいいことになっているのだな。

朝9時半、東海着。トンへと読むらしい。

港の待ち合い場で5、6時間もつぶすのかと思っていたら、自由に出歩いてもよいのだそう。案内係のおばさんに聞くと、近くに市場があるらしい。売店でウォンに両替えをする。ビクトリアたちは大型スーパーに行きたいらしい。スーパーへは帰りに寄ることにして、タクシーでいっしょに市場に向かうことにした。

海沿いの街を走る。ここはまるで熱海のよう。商店街の看板には、赤や黄色の韓国文字。タクシーから下りてすぐ、市場の路地へと続く横断歩道のところで、アリーシャと手をつないで私は立っていた。あれ？　なんで私はここにいるのだっけ。川原さんと韓国へ旅行にきたのだっけ。なんで知らない外国人の親子と、市場になど行こうとしているのだっけ。

でも、いっしょにいても気を遣わないこの感じ、血のつながらない寄せ集め家族といるような、何ともいえないあったかい気持ち。

洗面器いっぱいの紅い実を、道ばたで売っているおばあちゃんに薦められ、つまんで食べてみる。酸っぱくてとてもおいしい。「マセ」という名前だそう。ざくろとサクランボの中間のような味。気に入ったので、ビニール袋にいっぱい買う。

ビクトリアは別の店で木いちごを買っていた。「ベリーです。ロ、ロシアのはもっとおいしいけど……ほかにもいろいろ種類あって、夏になると、私のママさん、ジャム作ります」。

私はミニトマトも買う。エゴマの葉で豆腐を包んだ揚げ物、さつま芋の天ぷらを買い食い。川原さんが韓国の海苔巻きを食べてみたいというので、たくわんを細く巻いたひと口サイズのキムパも買って食べた。ビクトリアに薦めても、けっして食べない。ビニール袋に手をつっ込んで、自分のベリーばかり食べている。

大型スーパーには韓国の食べ物が何でもあった。すみずみまで見てまわり、なるたけロシアに近そうな味を探して買った。ドイツのビール、鶏のスパイスグリル、クリームチーズ（キューブの）、韓国産カップラーメン（辛くなさそうなのを選ぶ。シベリア鉄道の中でひもじくなったとき用）、食パン。

船に戻ると、韓国人と入れ替えにロシア人が増えていた。早いうちから甲板へ上がる。今日の夕飯は食堂へは行かない。ミニトマトやマセをつまみながら、海を眺める。ビールも飲む。

お腹の底に響く、出航を告げる汽笛が、「ブオーッ！」とひとつだけ鳴った。

太陽は朝よりもグーンと高く昇り、「光の大通り」もずいぶん幅広になっている。

船が進むにつれ、大通りはだんだんに後ろへ下がってゆく。鶏のスパイスグリル（キムチ色でなく白っぽいのを選んだのに、やっぱり辛かった。肉の奥の奥までにんにくや唐辛子の味がしみ、甘じょっぱい）とクリームチーズを食パンに挟んで食べる。

6時半になっても、まったく暮れない。

甲板の方まで光の道が届いてきている。顔に当たって、そこだけ火照《ほて》っている。

7時を過ぎても、まだ4時ぐらいの明るさ。

船の売店で買ったカモシカ印のポケット瓶のウォッカは、香草入りではちみつ色をしている。キャップに注ぎ、ちびちびとふたりで飲み合う。川原さんはベンチにあぐらをかき、絵を描いている。太陽が、少しずつ下りてくる。青黒い海はテラテラと光り、しわが寄っているように見える。ぬらぬらと濡れた、恐竜の肌のようにも見える。

8時5分前、ジリジリと震える蛍光色の大玉が、ついに海面へ触れたとき、「ついたー！」と川原さんが声を上げた。沈みゆく最後の光。目がくらみそう。ゆうべのショッキングピンクのスジは、この光だったのだな。

太陽が完全に沈んでからも、空は茜と紫色のグラデーション。見ているその間にもどんどんうつりゆき、上空は、宇宙の碧《あお》になりかかっている。

すごいことだなあ。今日だけではない、人間が生きたり死んだりしているのとは別のところで、世界中の大海原では、毎日毎日、こんなに大がかりなことがくり返し行われているのだ。

海は、表面が毛羽立って、一面に網が張られているように見える。灰色の草が生えているようにも見える。荒野のようにも見える。今は少し青みがかっているけど、その気になれば、緑のようにも紫のようにも見えてくる。灰色というのは、いろんな色に当てはめることができるのだな。

9時にお風呂。ロシア人の家族が入っていた。母親もおばあちゃんも、雌牛のようなおっぱいをしている。色の薄い乳リンは紅茶茶碗をふせたくらいの大きさだ。脂肪ではなく、赤い肉がいっぱいに詰まっていそうなはち切れそうな体。子どもらは湯舟の中で泳いだり、走ったり。親たちはプールサイドにでもいるみたいに、腰かけに座ったまま、それを眺めている。

ビクトリアが夕方入ったときには、ロシア人たちはみな水着を着ていて、スッポンポンのふたりはジロジロ見られたそう。私が湯舟から上がろうとしたら、母親とおばあさんは鏡に映っている私の裸を凝視した。

ロシアの女の人は、脚を開いて体を洗うところは韓国人と同じだけど、牛や馬の体でも洗うように、ゆうゆうとこする。シャンプーの泡だらけのまま立ち上がり、頭の上から勢いよくシャワーをかけていた。

12時に布団に入る。

2時間の時差があるので、ウラジオストク時間だと、今は2時。ビクトリアに確かめて、めざまし時計の針を合わせる。いよいよ明日はロシアだ。

6月20日（月）快晴

ぐっすり眠った。ピンポーンと呼びリンみたいな音がして、朝ごはんを知らせる放送が入る。韓国人が日本語を喋っているので「ありがとごぜーました」と聞こえる。ビクトリアがいうには、ロシア語も何を言っているのかよく分からないそう。

私が日記を書いていると、アリーシャが「なにしてんねん」と寄ってきて、白いところに絵を描きたがる。ビクトリアはアリーシャがはしゃぎ過ぎたり、私たちの邪魔になりそうなことをしたときだけ、ロシア語でピシャッとひとこと怒る。するとアリーシャは、スッということをきく。

ぐずったり卑屈になることもなく、子どもらしく自由でいる。毎朝自分で服を選んで着るし（ピンクが好きみたい）、「べんきょーしまショー」と言いながら、ひとりでお絵描きなどしている。

大人のロシア人たちもまた、未知でおもしろい。アメリカ人やヨーロッパの人みたいに、甲板ですれ違うとき私がニコッとしても、向こうは決して笑いかけてこない。男も女も無表情のまま。ロシアでは、笑顔をとりつくろったりしなくてもいいのかも。

10時、朝ごはん。

甲板に上がるとまわりは海ばかり。何度見ても、どっちへ進んでいるのか分からなくなる。遠くの方は、ただ真っ平らな水面がチカチカときらめいているだけなので、近くの波を見て、いちど考えてからでないと、分からない。

食パンにクリームチーズをはさんで食べる。缶コーヒーは水筒に入れ、牛乳を混ぜて調整した（韓国の飲み物は何でも甘過ぎるから要注意！）。マセは、どうやらアセロラみたい。冷蔵庫に入れておいたのだけど、ずいぶんやわらかくなって汁が出ていた。

11時半、進行方向の遥か遠くの方に、白っぽい煙突のようなのがひとつ、ぼんやりと見える。あと1時間半で着くのだから、あれがウラジオストクだろうか。

川原さんはトイレへ行った。向い風に吹かれながら、大海原の真っただ中にひとりきりで立っていたら、ふと、私は二度とここからの景色を眺めることはないだろうという気が急にした。胸がつまり、ほんの少し涙がにじむ。もういちどしっかり見た。

部屋に戻ってビクトリアにロシア語を教わる。いくらですかは、スコリカストエ。スパシーバがありがとう。スライスティーがこんにちは。ダスビダーニャはさようなら。ニエットは、いいえ、いらない。ダーはイエス。

お金のことも教わった。1000ルーブルは2800円だから、日本円でいくらくらいか知りたいときは、おおざっぱに3倍すればよい。

2時半、陸地が近くなってきた（到着が遅れているらしい）。

アリーシャと川原さんの3人でアイスクリーム（チーズ＆ヨーグルト、バニラ＆ストロベリー）を買い、甲板の通路（私たちの部屋の窓のところに立って）で食べる。眩しいので、私もアリーシャもサングラスをしている。

窓ガラス越しにビクトリアが顔を覗かせる。アリーシャはアイスをひと口食べては川原さんの手をとって、通路をあっちへ行ったりこっちへ行ったり。また戻ってきてアイスを食べる。そのうちひとりで駆け出し、「ア〜〜〜！」と、感きわまった声で叫んだ。私たちと遊んでいること、ビクトリアが近くでそれを見守っていること、ウラジオストクのおばあちゃんにもうすぐ会えることが合わさって、嬉しくてたまらないからだ。

ロシア人もみな通路へ出てきている。「ベイルーシカ、ゼラーシュカ、ズヴローシュカ……」みたいなロシア語が、ペチャペチャと聞こえてくる。

灯台をまわると、こんもりとした小さな岬が見えてきた。

地面は若緑色、草のないところは白茶色。丘の上に白い家が3軒並んで建っている。レンガ色の屋根、緑の屋根、青い屋根。絵本に出てきそうな可愛らしい家。川原さんは私の隣に立って、シザーハンズみたいに色鉛筆を何本も手に持ち、とっかえひっかえ持ち替えては、細長い絵を描いている。

川「なんだか、映画の画面が横に流れていってるみたい。エンディングロールが、横になってるみたいなんだよね」

船は速度を下げ、穏やかな水面をゆっくりゆっくり滑るように移動している。ウラジオストクの港は、もう目の前だ。

2　ウラジオストク

じりじりと港が近づいてくる。白い建物は駅舎だろうか。緑の屋根も、赤ぶどう酒色の屋根も、青い列車も、どこもかしこもツヤをなくしたマットな色合い。

飛行機と違って船はもったいぶっている。なんだか私は、あんまりワクワクしすぎて、お腹がすいたような気分。

4時ころ、ウラジオストク港に着いた。

船の出入り口あたりに乗客たちが大勢集まっている。ビクトリアとアリーシャも、ずいぶん前の方に並んでいる。

窓から見下ろすと、荷物を下ろす作業をゆっくりゆっくりやっている。こんなに人が待っているのに別に急いでいる様子もなく、たぶんいつもの速度で、ひとつひとつ運び出している。

外国人旅行者は最後になるらしい。当分の間待たされそうなので、川原さんと順番に部屋に戻っていることにする。

行列の後ろに日本人らしきおじさんをみつけた。椅子に腰かけ、のんびりと待っている。私は思い切って声をかけてみた。どうして日本人と分かったかというと、私たちと同じ旅行会社の黄色い札を、スーツケースにつけていたから。

おじさんは岡山から来たそうで、Kさんという。到着がずいぶん遅れたのは、ロシアの人たちが悠長なせいなのかと聞くと、「たいして遅れていませんよ」とおっしゃる。私たちの旅程表にあったのは、日本時間で書かれていたのだと判明。

Kさんは物腰のやわらかい、品のいい方だった。ウラジオストクは6度目で、仕事の予定をやりくりしながら、いつも船でやってくるのだそう。今回も2泊だけし、水曜日にまたこの船に乗って境港へ帰る。

「ロシアはおもしろい国ですよ。文学もいいですけど、僕は小咄《こばなし》が好きなんです。機知に富んでいて、なかなか洒落ているんです。絵本もいいのがあるので、もっぱら本屋さんめぐりをします。ロシアは、チョコレートやビスケットもおいしいんですよ。混ざりものが入っていないから、お土産に買って帰ると喜ばれます」

この船は、もともと日本で使っていたのを韓国が買いとったそうで、「ところどころに日本語の表示がありますよ。それをみつけるのも、また楽しいんです」などと教えてくださる。

けっきょく、1時間以上かかってようやく船から降りられた。

前の人について薄暗い階段を上ってゆくと、踊り場が少し広くなったようなところに出た。パスポートを手にした人たちが並んでいる窓口に、私たちも並ぶ。ここが税関らしい。

入国審査の紙を用意していなかったせいで、突っぱねられる。慌てて用紙をもらい、記入してまた並んだのだけど、私だけまたひっかかってしまった。老眼鏡をかけたまま通ろうとしたからだと気がつく（パスポートの写真は眼鏡をかけていない）。

Kさんが心配して、ロシア語で何か言ってくださるが、私だけ小部屋へ呼ばれ、パスポートを丹念に調べられた。紺色の制服を着た係のおじさんは、ひと言も喋らない。目つきは鋭いけれど、むっつりした感じではない。唇の端が、ほんの少しだけ上がっているようにも見える。

船着き場から、歩いてホテルへ。

信号も何もない交差点で、Kさんはうまく車をよけながら渡っている。曲がり込もうとしている車のボンネットをたたいて合図をしながら、すれすれのところをジグザグに渡っている。私たちも遅れじと、スーツケースを持ち上げてついていった。

別のホテルに泊まるKさんとはここでお別れ。私たちのホテルは、ここからひたすら坂を上って、右へ曲がればいいらしい。大通りに沿った歩道は、舗装してあるところと、ガタガタ道のところがある。工事中らしく、マンホールのふたが開いていたりもする。注意の立て看板や、柵など何もない。キョロキョロしながら歩いているうち、私のスーツケースは犬のウンチを踏んでしまった。

川「高山さん、運《うん》がついたね！」

ホテルに着いたのは5時50分。

小さなショルダーバッグを提げ、ノートの束を胸に抱えたミニスカートのお嬢さんが、玄関口に立っている。彼女が通訳さんだった。

「バイオレットです！　むずかしかったら、スミレちゃんと呼んでくださいねぇ」

バイオレットは日本語がとても上手。みごとな金髪だし、青い目の美人だし、顔を見ればロシア人なのだけど、声だけ聞いていると、関西とか下町のチャキチャキした女の子と話しているみたい。

部屋に入る前に私がまずやったのは、雑巾を借りて、スーツケースの車輪のウンチを拭いたこと。部屋に入ってからは、シャワーの水を出し（しばらく黄色かった）、バスタオルがなかったので、バイオレットに頼んで持ってきてもらった。

トイレとシャワーは、イルカ柄の青いビニールカーテンで仕切られていて、洗面台とシャワーの蛇口が共用。シャンプーも石鹼もなく、歯磨きのコップが2コあるのみ。トイレによくあるような、手を洗う用の液体石鹼が入っている白い箱が2つ、壁についている。「hand」「shampoo & body」とそれぞれ書いてあるのだけど、手にとって比べてみたら、色も匂いも同じ。もしかしたら、両方とも同じ石鹼なのかも。

部屋は卵色の壁。ところどころ漆喰をなすりつけたように盛り上がっている。床はがっしりとした木造りで、ベッドもフカフカ。

百合子さんたちのころのホテルは、ロシア人向けに造られていたから、鏡がずいぶん高い位置にあったようだけど、ここのはちゃんと顔が映る高さについている。金色の古めかしい蛇口に、白い瀬戸物のシャワー。水も茶色くないし、お湯だってちゃんと出る。まったくもって文句なしだ。

川原さんは洗濯。私は荷物の整理をする。頭がうまくまわらず、西陽が差すなか、部屋をうろうろする。ひとつひとつとり出しては、置き場所を決めようとして、やっぱりスーツケースに戻したり。ゴミ袋を作ろうと思うのに、スリッパを出すことを思いついて、（何をしようとしてたんだっけ？）となり、ゴミ袋のことはもう忘れてしまったり。

あっという間に8時となる。

風が強く肌寒いのは、海が近いからなのかな。外はまだまだ明るい。4時前くらいの明るさだ。

バイオレットと3人で、レストラン「ノスタルギーヤ」へ。

バ「日本人のお客さん、ここへ連れてくると、かなりのカクリッツで喜ばれますネ」

深紅の壁に、白いテーブルクロス。照明がやわらかく、落ち着いた感じのレストランだ。川原さんと私は赤ワイン（フランスの。ロシア産のがなかった）、バイオレットはコケモモのジュースをとる。

夏のサラダ（きゅうり、パプリカ、トマト。オリーブオイルだけがかかっている。塩、こしょうをふって自分で味をつけて食べる）、ザクースカ（前菜の盛り合わせ／きゅうりのピクルス、発酵キャベツ、ミニトマトのピクルス、白いきのこのマリネ)、新じゃがのバターソテー(まわりにディルがからまり、中まで味がしみている。にんにくの味もほんのりする)、ワレーニキ(発酵キャベツを包んだゆで餃子。サワークリームとディルをのせて食べる)、マッシュポテト(クリーミーでとてもおいしい。ほどよい濃厚さ)、大貴族スタイルの魚料理(サーモン、じゃがいも、きのこが、魚のだしとサワークリームのソースで、壺ごとオーブンで煮込まれている)、黒パン。

料理はどれも、とてもおいしかった。発酵キャベツやピクルスは、思ったより酸味がやわらかで、日本の浅漬けのような味。ポリポリといくらでも食べられる。私が「漬け物みたいでおいしい」と言うと、バイオレットが「ツケモノのジュースは、フツカヨイに効きます。私のママさん、よく飲んでますねぇ」と言った。

黒パンは2種類出てきた。茶色がかった薄い色のより、私は黒い方がだんぜん好き。きめが粗く、ほんのり酸味があって、天然の甘味もほんの少し。フェンネルシードを混ぜ込んで焼いてある。途中から、マッシュポテトをのせて食べた。

これから何度でも使いそうな、自分の好きな食材だけでも覚えようと、バイオレットに教わりながらメモをする。じゃがいもは「カルトーシュカ」、キャベツは「カプースタ」。発酵は「クワシチ」だけど、発酵キャベツは「クワシナヤ カプースタ」。ディルは「ウクロプ」、サワークリームは「スメタナ」。水は「ヴォーダ」。「水をください」は、「ヴォーダ パジャールスタ」。

何か欲しいときには、何でも「パジャールスタ」を後ろにつければいいと教わる。英語の「プリーズ」と同じなのだな。

10時5分、レストランを出ると、外はまだうっすらと明るかった。早朝の、陽が昇りはじめたくらいの、寒々とした薄暗さ。夕暮れとはあきらかに違う、夜とも違う色。

6月21日（火）曇り

自分がねぎ臭い。ゆうべ、レストランで玉ねぎを食べすぎたからだ。発酵キャベツにも夏のサラダにも紫玉ねぎが入っていたし、きのこのマリネには白い玉ねぎがたっぷり入っていた。あれは新玉ねぎなのだろうか。辛くなくて、みずみずしくて、すごくおいしかった。

窓の外が白い。ここは4階なので、ベッドからは空だけしか見えない。

このホテルは、アムール湾沿いのとてもいい立地にあるのだけど、「海の近くは不良のたまり場だから、夜は出歩かない方がいいですよ」と、バイオレットに言われていた。そういえば朝の早い時刻から、下の駐車場で「ヒュイ〜！」と、はやしたてるような音がしていた。指笛のような音。車で鳴らしているらしい。ゆうべもレストランからの帰り道、車の脇に立っていた兄ちゃんが、「ヒュイ〜！」と鳴らした。きっと、バイオレットが美人でグラマーだからだ。いやだなあ。ホテルの駐車場にまで、不良たちがたむろしているんだろうか。

起き上がって窓から覗いてみると、中国人の観光客が、玄関からぞろぞろ出てくるところだった。タクシーが何台か停まっているだけで、不良らしき男はいない。

中国のおばさんたちは、なんとなしに見分けがつく。体の輪郭線がふにゃっとして、やわらかいような気がする。韓国の女たちのは、太くて固い。

窓が白いのは、霧が出ているのだった。晴れた日には海が見えるそうだけど、そういえばこの街は、潮の匂いがしないのだな。

薄い霧の中を、赤毛のロシア女が歩いてくる。光りものの混じった黒い服、ツンと尖ったおっぱい。背中にも前にも、かっちりと固そうな肉がつき、ハイヒールの足首だけがキュッとしまってほっそりしている。ハンドバッグを脇にはさみ、前を睨みつけるようにしてカツカツと歩いてくる。金や銀で飾り立てた、闘牛の黒い牛のよう。

私の中でロシア女といえば、ああいう人。髪を膨らませた昔ながらの服装の女たち。船に乗っていた人や、道ゆく人たちはみな、バイオレットのように現代的な恰好の人ばかりだったけど、百合子さんの船の酒場にいた大年増は、きっとあんな人だ。

朝ごはんを食べにいっていた川原さんが、食堂から戻ってきた。白いカップにカフェオレを注いで、もらってきてくれた。

私は窓際で、アセロラのジュースを水筒ごと凍らせておいたのと、ゆうべレストランで食べきれなかったマッシュポテトを、黒パンにのせて食べていた。どんなメニューだったのか聞くと、バイキング形式で、いろんな料理があったらしい。そばの実とバターライスのようなのを混ぜて食べたんだそう。「雑穀ごはんみたいになったよ」。どちらかに味がついていたから、何もつけなくてもおいしかったそう。

どうしてもそばの実を食べてみたくなり、11時ぎりぎりに食堂へ。

そばの実は、ご飯のように炊いてあり、バターと塩をまぶして保温器に入っていた。ソーセージ、ハム、生野菜（薄く切ったきゅうり&にんじん）には、カッテージチーズのようなのをのせて食べた。

チェックアウトを済ませ（スーツケースは預けておく）、1時前にホテルを出て、バイオレットと3人で駅へ向かう。

川原さんはあちらこちらで立ち止まっては、写真を撮っている。建物の柵や古い看板、道路のマンホールなんかも撮る。川原さんは絵描きだから、景色だけでなく、いろんなものに興味があるみたい。

バイオレットが、私の隣でペラペラと喋っている。街の歴史や建物のことなど、ガイド口調で教えてくれようとするのだけど、まったく頭に入ってこない。私はただ景色を見たり、匂いを感じながら歩いていたいだけなので、「観光で来ているわけではないので、そういうことは教えてくれなくてもいいです」と伝える。

バイオレットが言っていたことで、ひとつだけ覚えているのは……ウラジオストクは、201

2年のAPECのために、新しいビルをどんどん建てようとしている。なんとか島（船の中から最初に見えた緑色のかわいらしい島）に会場が設けられるので、橋でつなげようともしている。道路も穴だらけだし、あちこち工事中の音がして騒々しいのは、そういうわけだったのだ。

駅近くのキオスクでは、きゅうりやビーツ、トマトなど、道ばたに野菜を並べて売っている。店は全面ガラス張りで、勘定台の小さな窓があるのみ。りんご、洋梨、杏、オレンジ、桃、パイナップルが、ガラスに張りつくように上から下までぎっしりと積んである（飾ってあるのだろうか）。いちばん下の段には、葡萄やスイカもある。

色とりどりのお菓子が、駄菓子屋のように山積みになっているのを、おでこをガラスにくっつけながら川原さんと選ぶ。川原さんは、かわいらしいパッケージのチョコレートをいろいろ。私はハルヴァ（つぶした胡麻やひまわりの種を蜂蜜で固めてある。見た目はくすんだ肌色の石鹸のよう）を買う。

ウラジオストク駅舎はとても古い。床は、石のタイルに粉をまいたような足ざわり。スルスルしてすべりそう。

私たちは今夜、シベリア鉄道に乗ってハバロフスクへ向かうのだけど、同じ路線の鈍行列車で、これからフトラヤレーチカという郊外の市場に行く。フトラヤレーチカまでは3駅で、15分から20分ほどの距離。運賃は12ルーブル（約35円）、切符はレシートみたいなペラペラの紙。

ホームのベンチに、おばあちゃんがふたり並んで座っていた。ひとりは半分目をつぶったまま、杖をにぎっている。古ぼけた茶色のオーバー、深く刻まれた皺だらけの顔に白っぽい布を巻きつけ、毛糸の帽子をかぶっている。もうひとりは、少し若めのおばあちゃん。赤い髪に柄物の青いスカーフを巻いている。あのスカーフは、「プラトーク」だ。

私は写真を撮りたくてたまらない。でも、ロシアのおばあちゃんたちは、写真を撮られるのをいやがるかもしれない。でも、どうしても撮りたい。

おばあちゃんたちは固い表情をして座っている。この国の重苦しい歴史や、私など想像もつかない真冬の厳しさを、体の底に沈めて生きてきた人の顔。

思い切って、『犬が星見た』に書いてあった通りに、カメラを指差しながら「モージナ　フォト？（写真を撮っていいですか）」と聞いてみた。

ふたりは「ダー」と言って頷いた。すかさずバイオレットが、「いいですよと言ってます」と教えてくれる。

カメラを向けたとき、青いプラトークのおばあちゃんが、口をつぐんだままフッと笑った。子どもを何人も育ててきた、お母さんの顔になった。

私は涙が噴き出した。なんだかやたらに懐かしいような、いてもたってもいられないような気持ちになった。百合子さんの時代に生きていた、『犬が星見た』の中に出てくる人たちに出会えたような。自分の眼が、百合子さんの眼になってしまったような。

鈍行列車は古びた小豆《あずき》色。おばあちゃんの前に、私は座る。青いプラトークを頭からはずすと、そのまま首のところにたまって襟巻きになった。トルコブルーの地にレンガ色、赤ワイン色の小さな三角が織り込まれている。横分けした赤い髪をピンでとめ、魔法使いのようなわし鼻の先が、ほんのり赤らんでいる。

景色を眺めるふりをして、私はおばあちゃんをスケッチする。横に結んだ薄い唇、突き出したアゴ、灰色の厚手のシャツに重ねた毛糸のチョッキは、東北のおばあちゃんの半纏《はんてん》みたいだ。膨れた分厚い手はパンみたい。細かい皺がたくさんよっているけどツヤがある。膝の上に抱えたカバンは青、ビニール袋も青、ズック靴は青に白い紐。窓を眺めている目は、象の目の形。外の光りを受け、透き通っている青い目玉。

列車は、鉄橋の下をくぐると真っ暗になる。

車内放送に雑音が混じって、ジリジリいう。

次の駅で、新聞の束を抱えた男が乗り込んできた。長々と、一本調子の声を張り上げている。今日の新聞のニュースを読み上げているのかな。

ガタゴト揺れる列車の音。3人掛けの硬いシートに隙間なく並んでいる、頑丈な顔つきの男たち。自分が、ロシアの古い絵本の中にいるような、映画の中にいるような。

フトラヤレーチカの市場は、露天の店が立ち並んでいた。整然と並んでいるわけではないので、くねくねとまわって歩く。

干した果物を山にして売っている店、トマト、にんじん、ノビルを太らしたような根っこつきのねぎの束。きゅうり、赤かぶ、レタス、ディルと香菜の束。大中小のじゃがいも。八百屋は何軒もある。

白濁したのや茶色がかったのや、いろんな色の蜂蜜をカップに詰めて積み上げている店。私が指差すと、店番のおばちゃんが次々答える。それをバイオレットが同時通訳してくれる。「そばの花、ネコヤナギの花、さんざしの花……」。

透明なのは今年採れた蜂蜜で、白濁したのは去年のもの。ビンに詰まっている胡麻のようなのは花粉で、蜂蜜といっしょに食べると美容に効くのだそう。ウォッカに混ぜれば、蜂蜜はぬり薬にもなる。シベリア鉄道での食料に、ボダイジュの花の白濁した方を買う。100ルーブル。

苺を売っている店では、黒紫色の実を買った。虫のさなぎのようで、見た目はあまりよくないけれど、味見をするとあんがいおいしい。ブルーベリーを酸っぱくしたような味。スイカズラの実だそう。カップ1杯で100ルーブル。

ピクルス売りの太ったおじさんが、パラソルの下で店を出していた。漬け汁ごとパンパンに詰まったビニール袋のピクルスが、野菜の絵柄のトレイに並べられている。トマトときゅうりは、別々のビニールに入っている。汁にはにんにくの薄切りやディルらしき葉、大きな赤唐辛子が浮かんでいる。

奥にライトバンが停めてあり、風呂場で使うようなプラスチックの桶で、大きな樽からすくい取っては、次々と袋詰めをしている。きのう、奥さんが家で漬けたものだそう。

バイオレットに作り方を通訳してもらった。水に砂糖、塩、酢（少し）、ういきょう、にんにく、唐辛子を入れてよく混ぜ、きゅうりとトマトを別々に加えたら、日陰の涼しいところで12時間ほど漬ける。私はきゅうりとトマトの両方の袋を買った。計50ルーブル。

屋根がついている方の市場は、肉売り場、魚売り場と、ふたつの大きな建物に分かれていた。ソーセージやハムの豊富なこと。シャシリーク（肉の串焼き）、チキンをマリネしたもの、ハンバーグのようにひき肉を丸めた冷凍品の数々。豚の背脂で包まれたのもある。

様々な形に包まれた餃子（ペリメニ）が、大きいのも小さいのもショーケースに並んでいて、写真を撮る。肉売り場には肉の具の、魚売り場には魚のすり身の具の餃子が並んでいた。魚のソーセージ、魚のハンバーグもいろいろある。私は自分のお土産に、深紅のイクラの絵が描いてある、緑色の小さな缶詰を買った。

お菓子屋さんのショーケースには、何種類もの模様のビスケット（版を押してある）が、こちらに向けてぎっしり並べてある。ヘンゼルとグレーテルの「お菓子の家」の壁のようで、目移りしてしまう。スーパーで、パンを一斤とビスケット、飴（包み紙がかわいらしい）、バター、紅茶、牛乳などを買う。

3時半、スーパーの外のベンチに腰かけておやつ。

バーグルマ（ウズベク風サンドイッチ／風呂敷のような薄焼きの白いパンで、じゃがいも、細く裂いたチキン、マヨネーズで和えたにんじん、キャベツ、きゅうりと、トマト、チーズを四角く包んである。パンにはところどころ焦げ目がついている）。

油揚げの倍ほどもある大きさなので、私と川原さんは半分ずつ食べたのだけど、バイオレットはひとりでペロリとたいらげた。

市場のはずれの洋品店で、子ども用のワンピース。本屋さんで喋る絵本も買う。これらは孫のお土産。

帰りはバスに乗った。あちこち工事中のため、渋滞と砂埃《すなぼこり》。満員だけど、いやな感じではない。

1時間ほど揺られて、ウラジオストクの街へ戻る。「グム百貨店（帝政時代から続いている）」も、工事中。あちこちにシートがかかり、脚立で押さえてある。すぐ裏側から、作業をしている音がガガガガガッと聞こえてくるが、シートでトンネルになった足場の悪い通路を、みな平気な顔をして歩いている。注意の看板などないけれど、自分らでおのおの注意をすればよいのだから、これでいいのだ。

食器屋でコーヒー茶碗を選ぶ。川原さんは草花の花束の絵、私のは一重の薔薇。シベリア鉄道にはサモワール（熱湯が出る）があるから、携帯用のかわいいカップを買いたいと、日本にいるときからずっと思っていた。とり出しやすいところにしまって、旅のお供としよう。

ホテルに戻り、駐車場のベンチで荷物を詰め直す。トイレで着替えて顔も洗い、身支度をする。

3人でウラジオストク駅へ。

早めに駅に着いたので、待ち合い室で休む。川原さんは、駅舎の壁の絵を描いている。

私はバイオレットと売店へ行って、ショーケースを覗いてまわる。梨のジュースを買った。ほんのり甘味がある。薄い麦茶のようでもある。おいしい。

川原さんにミカンの形の飴をあげても、すぐには食べない。別のページを開いて、こんどは飴の絵を描いている。川原さんはビスケットでも飴でも、食べる前に写真を撮る。それは、私が匂いを嗅いでから食べるのと同じなのかな。

飴の絵を描き終わるとようやく口に入れ、包み紙をノートにぴっちりていねいに貼ってから、駅舎の続きの絵を描きはじめた。

川原さんはのんびりしている。私たちの列車は9時半発だから、30分前にはホームにいたいのにな、と私は焦る。

ホームに出ると、青い車体の「オケアン号」はすでに停まっていた。バイオレットとはここでお別れ。乗り込んでから手を振り合う。

2段ベッドが2つある2等寝台の下の段をとっておいたので、向い合せで座れるし、扉を閉めればふたりだけの個室みたい。寝台は箱型になっていて、シートを持ち上げるとスーツケースが収まる仕組み。テーブルには白いクロス、シーツや枕も清潔だし、窓も天井も思っていたよりずっと新しい。

夕食の準備を整えたころ、列車が走り出した。窓の外は、夕方くらいの明るさ。

食事をはじめる前に、川原さんと相談。さっき、私が焦っていたことなどを伝える。

「発車には十分間に合ったけど、私たちはふたりとも、夢中になると時間を忘れてしまう質《たち》だから、これから先、鉄道に乗るときには、できるだけ早めにホームにいよう。間違えて違うホームに下りてしまうことだってありうるし、乗り遅れたらたいへんなことになる。米子行きの飛行機でも、ぎりぎりだったしね」

夕食は、市場で買ったソーセージ、ディル、ピクルス、黒パン&マッシュポテト（昨夜のレストランの）、バター、蜂蜜、紅茶（川原）、ミルクティー（私）。

『犬が星見た』に書いてある通り、列車は本当に、何の放送もなく駅に停まる。そうして、何ごともなかったかのように、すべるようにスーッと走り出す。

けっきょく、ほかの乗客は一晩中乗ってこず、私たちの貸し切りとなった。

3　ハバロフスクへ

6月22日（水）曇りのち晴れ

6時15分に起きる。

川原さんはすでに起きていた様子。

窓の外はどこまでも続く草原。地面から湯気がのぼっている。

大男が草刈りをしたみたいに、どこまでもどこまでも、ほどよい丈の草が生えている。ところどころに赤や黄色の花。草に紛れて咲いている白い王冠のような花は、葉っぱがディルに似ている。

「ボーエ」「ボーエ」と、大大牛《だいおお》が鳴いているような、くぐもった汽笛を鳴らしながら、列車はひた走る。

6時25分、太陽が顔を出した。あたりの色もだんだんに黄色じみてくる。白い幹は白樺の木、黒い幹のこんもりしたのは、楡《にれ》の木だろうか。白樺や楡の木を上手に残して、まわりだけ大男が草刈りをしたよう。ネコジャラシを大きくしたみたいな草の穂が、銀色に光っている。
川原さんは、水彩絵の具で絵を描き出した。私は布団をかぶったまま、おでこを窓につけている。
ところどころで茶色い水の泥の川がある。草原にできた水たまりが集まってぬかるみ、雨が降るたんびにあふれ、どうしようもなくなってできたような川だ。川を過ぎると、また草原。どこまで走っても同じ景色。
川「ずっと見てて気がついたんだけど、トンネルがないんだね」
私「山がない！」
川「白樺の白が真っ白なんだよね」
私「ほんと。ロシア人の肌みたい。あの、黒い幹のは楡の木だよね」
川「そうなんだ」
私「適当だけど、なんとなくそんな感じがする」
川「しかも音が、でしょ？」
私「うん。字の感じとかもね」
だんだんに陽が昇って、すべての輪郭がくっきりしてくる。湯気はいつの間にやら消えてなくなり、緑がいきいきと輝き出している。船から見えていたあの大海原が、大地になり変わったよう。原始時代からくり返される、天と地の営みのありさまを、走り去る車窓から見せてもらっているよう。こんなに厳《おごそ》かで大がかりなことが、この世では、毎朝行われているのだ。

ハバロフスクへは、8時半に着く予定。身支度をはじめるにはまだ早い。

8時半ちょうどに、ハバロフスク駅に着いた。

降りるときに窓から覗くと、ホームの人混みのなかスケッチブックを胸に掲げ、心配そうな顔つきでこちらを見上げている女の人が見える。ちょっとふっくらとした、優しそうなお母さんという感じの人。あの人だといいな……と思いながら降りると、スケッチブックには私と川原さんのフルネームがアルファベットで書いてあり、やっぱり彼女が通訳さんなのだった。

名前はオルガさん。生っ粋のロシア人だけど、背格好は私たちとたいして変らず、なんとなしに親しみがある。40代後半か、私と同年くらいだろうか。日本語もなめらかで、バイオレットよりずっと落ち着いた雰囲気。私たちのスーツケースを、当然のように持ってくれようとする。

タクシーに乗ってホテルへ。この街は、坂が多いような気がする。緑も多く、いかにも古そうな赤レンガの建物がところどころに見える。歩いている人もまばらだし、車も少ない。もしかすると、ウラジオストクは大都会だったのかもしれない。

日本でホテル探しをしていたとき、「ツェントラリナヤ」という名前を偶然みつけた。『犬が星見た』で百合子さんたちが泊まったのは「セントラルホテル」。「ツェント」と「セント」は、そういえば音が似ている。もしやと思ってロシア語の分かる人に聞いてみたら、「ツェントラリナヤ」の英語読みは、案の定「セントラル」だった。もう42年も前のことだから、当時のホテルが本当に残っているかどうかは分からない。でも、正面にレーニン広場があるところも、本の中と同じ。

セントラルホテルに着く。ホテルの前は広場。ホテルはゆで卵の黄身色をした建物。二二六号室ときまる。ピンクの壁の部屋。窓から丘が見え、丘には学校のようなアパートのような建物があり、なだらかな丘の斜面には緑の草と木。（中略）ピンク、うす緑、うすクリーム、白のペンキがやたらめたらに塗りこめてあって、楽し気な、大らかな、古めかしい、何ともいえない色気のある部屋だ。（ハバロフスク一日目。『犬が星見た』より）

しばらく走って到着したのは、飾り気のない5階建ての四角いホテル。「セントラルホテル」は外壁がゆで卵の黄身色とあったけど、ここは、サーモンピンクと肌色が混じった色だ。子どものころからハバロフスクに住んでいるオルガさんに聞くと、このあたりのホテルは、ひんぱんに壁の色を塗り替えるのだそう。「そうですね。私が小さいころには、クリーム色だったような気がしますね」。

ホテルの中は、思った通り昔ながらの頑丈な造り。朝ごはんを食べていないので、私たちはお腹が空いている。ロビーの向かいが食堂らしい。入り口の扉の感じが、どことなく小学校の理科室に似ている。

食堂の中に入ると誰もいない。教室の半分くらいの広さ。一面の窓からは裏の緑が見える。教壇の位置にあたるカウンターには、使い込まれた白い厚手のコーヒー茶碗が伏せてあり、ゆで卵、半端に残った黒パンと白パンが入ったカゴ、ラップをかぶせたハムとチーズの皿が並んでいる。その奥が厨房になっている様子。オルガさんが声をかけると、奥から出てきたおばさんが、その場でパタンパタンと具を挟み、サンドイッチを用意してくれた。

黒パンサンド（ハム、オレンジ色のスライスチーズ、パンははじめから三角に切ってある）、ゆで卵（固ゆで、黄身が白っぽい）、ミルクコーヒー（インスタントの粉にサモワールの熱湯を自分で注ぐ）。

コーヒーについてきた角砂糖は、真っ白ではない。粒子が粗くみっちり詰まって硬いので、私はコーヒーへは入れない。百合子さんの真似をして、ちびちびと齧《かじ》りながらコーヒーを飲んだ。

ロビーのソファーでサンドイッチをパクつきながら、今日の予定を相談する。今朝、シベリア鉄道の中で川原さんと打ち合わせておいた通り、取材で来ていることをオルガさんに伝える。『犬が星見た』の文庫本や、この日記帳を見せながら。

「私たちは、観光スポットや有名な場所には興味がありません。あちこち出かけるより、1ヶ所か2ヶ所をじっくり見たり、近所を散歩するだけで十分です。私は料理の仕事もしているので、食べ物にはたいへん興味があります」

相談の結果、午後1時半に待ち合わせ、ホテル近くにある「中央市場」と「郷土博物館」へ出かけることとなった。それまではお互いに自由時間。

私たちの部屋は541号室。明るくて、壁も窓枠も新品のようにきれい。白木の床も、張り替えられたばかりみたいだけれど、ベッドサイドの机や椅子はとても古い。木を見れば分かる。椅子は、教会や修道院にありそうなそっけない形で、ピンクと茶色を混ぜたようなぺたんこの革張り。背もたれの板には、ニワトリの足跡みたいな3本スジが彫刻刀で彫ってある。紅茶をたっぷり淹れられるティーポット、ミート皿も二揃いあるし、電気の湯沸かしポットもある。ケシの花束が描かれた紅茶茶碗が、ソーサーとは柄違いなところもいい。

川原さんは洗濯をしている。私は頭がクラクラふわふわして、脳みそが揺れている。服のままベッドに横になって昼寝。

昼過ぎに、川原さんを誘って2階へ降りてみた。

足音を忍ばせ、私が先頭に立って薄暗い廊下を進む。百合子さんたちが泊まっていた部屋を探そうと思って。廊下を挟んだドアは、どこもぴっちり閉っている。けれど226号室は、ほんの少しだけ隙間が開いていていた。掃除の途中だろうか。

恐る恐るドアを開け、中へ入ってみる。入ってすぐに3畳分くらいの小部屋があり、角のところが丸ぼったい、見るからに古そうな冷蔵庫が置いてあった。矢羽根模様の寄せ木の床は飴色で、平らではない。ところどころ波打っている。

寝室は、右の奥まったところ。私たちの部屋よりこぢんまりして薄暗い。赤茶色のカーテンは、お金持ちの家みたいに、窓の上にもたっぷりした飾りヒダをとってある。ふたつ並んだベッドをおおっている厚手の黄金色のカバー、床には、柄ものの絨毯が敷き詰められている。しんみりと、どんな物音も吸い込んでしまいそうに静か。

窓辺へ向かい、レースのカーテンに目だけ近づけて外を覗いてみる。本にある通り、緑が茂っている。

私は気が気ではない。いつ誰が入ってくるかしれないし、みつかったら、ぜったいに怪しい2人組だと思われる。川原さんは写真を撮っている。

バスルームのドアが開け放してあるけれど、畏れ多くて中に入れない。入口から首を伸ばし、覗く。空色の壁、空色と小豆色の格子のタイル、白い便器と、クリーム色がかったバスタブ。レースのカーテン越しに窓からたっぷりと光が入り、外の緑が透けている。足もとのドアの枠を、屈み込んで私は触ってみる。塗り重ねすぎて、すっかり厚ぼったくなってしまった、ミルクチョコレート色のペンキ。

そそくさと部屋をあとにするとき、冷蔵庫の向かい側に古い鏡をみつけた。百合子さんも、この鏡に姿を映したろうか。

部屋を出ても、まだ胸がドキドキしている。廊下の先に、同じ方角の窓があった。カーテンの向こうにもぐり込んで、そこから見える景色をじろじろ眺めた。目の前の大きなポプラの木で遮《さえぎ》られているけれど、その向こうは確かになだらかな丘なのが分かる。「学校のようなアパートのような建物」というのは、左側にある、シミだらけの、築50年は十分に経っていそうな工場みたいな建物のことだろうか。

　こんどはエレベーターでなく、階段を降りてみる。百合子さんや泰淳さん、銭高老人もこの階段を使ったかもしれない。手の脂で光った手すりを撫でながら、ゆっくり降りる。

　そのままホテルを出て、左の坂道を下ってみた。左手を気にしながら歩くが、本の中の「あまりに古くて、校倉式に張ってある羽目板には苔が生え、緑色の家に見える」木造アパートは、どこにもない。どんどん下って、坂のいちばん下（そこから先は上り坂が続く）の脇にある公園へ。オープンカフェの先客は、若い男がひとりだけ。イヤホーンを耳にはめ、パソコンに向かって体を揺らしている。私たちは売店で、それぞれ違う種類の生ビールを頼む。ロシアのビールは、日本のより茶色味が強いような気がする。牛肉の絵がついた怪し気なスナック菓子もつまみで買った。

　川原さんと乾杯したら、急に涙が噴き出してこぼれた。泣いたのは、ロシアへ来てからこれで2度目。

川「百合子さんの部屋、ドアが開いてたってだけでもすごいよ。ほかはぜんぶ閉ってたのに。きっと、高山さんを待っていたんだと思う。高山さん、あそこに泊まらなくていいの？　私は部屋を移ってもまったく構わないよ」

私「うん。でも、泊まらなくてもいいんだ。なんか、泊まっちゃあいけない感じがするんだ」

私はもう1杯ビールをおかわりした。飲みながら私は、タガがはずれたようになり、百合子さんたちのことや、さっき見てきた部屋のことなどべらべら喋る。川原さんは、待ち合わせの時間より遅れそうだと、オルガさんに電話をしてくれた（携帯電話を使ったのはこれがはじめて）。

ホテルへ戻り、百合子さんの部屋のことをオルガさんに伝える。係の人にことわって、3人でまた226号室に行ってみることになった。こんどは堂々と、ゆっくり見てまわる。さっきはカーテンに触れることさえできなかったけれど、オルガさんが開けてくれたので、窓の外もじっくり見た。写真も少し撮る。バスルームへも入る。

けれどもう、さっきとは違っている。空気がかきまわされた。さっきは、百合子さんたちがそこにいた息吹きが、本の中にあったそのままに、幽霊みたいに封印されていた。

2時、プーシキン通りをてくてく歩いて「中央市場」へ。

並木道にはポプラの綿毛が盛大に舞っている。オルガさんによると、綿毛ができるのは雌のポプラの木だけだそう。「ポプラの木は、排気ガスを吸いますので、ハバロフスクの道路にはあちこちにあります」。

百合子さんの窓から見えた丘のことを聞いてみる。「あれはディナモ公園です。遊歩道伝いに歩いていくと、大きな池があります。ディナモ公園はとても有名な公園で、1930年代から作られはじめました。木を植え、道を作って、人工の池は15年前からあります」。

「中央市場」は、体育館ほどの近代的な建物の中に、整然と店が並んでいた。クリーム類を専門に売っている店には、チーズやとろみ加減の違うスメタナ（サワークリーム）の類。ヨーグルトも大中小の透明カップに入ったのがいろいろある。

オルガさんに質問すると、ひとつひとつ説明してくれる。ほんのり茶色がかっているのを指差し、「これはヴァリニェーツェというヨーグルトです。温度の低いオーブンに12時間ほど入れて作ります。とても栄養があるので、ロシアの人たちはみんな大好きです」。味見用カップに、店員さんがたっぷりよそってくれる。カラメルの味がほんのりして、まろやかな酸味。デザートというよりはおかずっぽい味。塩、こしょうを混ぜて、野菜につけて食べたらおいしそう。ひとつ買う。

蜂蜜屋にもいろんな色合いのがあったけど、ウラジオストクの市場でもう見たから、私は素通りする。蜂蜜好きの川原さんは、いくつか味見をして、蜂の巣入りのを買った。蜂の巣も食べられるのだそう。

お菓子屋さんにはビスケットの山。店員の顔が見えないくらいに積んである。楕円、丸、正方形、長方形。ビニール袋で筒状にくるんだのが、型押しされた模様をこちらに向けて積んである。箱に入っていないから、中身が丸見え。これはウラジオストクでもそうだった。隣のショーケースには、色とりどりの包み紙のチョコレートやキャンディー。ちまちまと袋なんかに詰めてない。駄菓子屋さんみたいに、好きなのをいくらでも選んでバラで買える。ロシアはすごいなあ、お菓子天国だ。

目移りしながら川原さんとチョコレートを選ぶ。リスが木の実を齧っているのや、洋梨の絵のやら。

お土産用にビスケットも選ぶ。じっくり眺めると迷いそうなので、パッと見て、帆立貝をかたどったのと、シックな格子柄の2種類を買った。

パン屋さんは青一色。本棚みたいな青い棚に、山型食パンを立てて並べてある。売り子のおばちゃんの制服も、帽子も青。私は、手前に積んであるフライパンほどの大きさの、円盤型のパンを買った。真ん中に判が押され、おへそのようにへこんでいる。これは、何十年も前から、いつか食べてみたいと憧れていたウズベク地方のパンだ。

シーツみたいに四角く折りたたまれた白い薄焼きパンは、アルメニア地方の「ラヴァシ」。どちらもタイムライフブックスの『世界の料理・ロシア料理』に載っていた。「ラヴァシ」も興味があるけれど、量がありすぎて食べ切れないだろうから諦める。

オルガさんは、食べ物のことになると説明の声が変わる。ゆったりとした低い声で、なにげなく教えてくれる。料理上手のお母さんみたいになる。さっき、雑穀の店の前で「そばの実の炊き方」を聞いたときもそうだった。

そばの実の炊き方はこうだ。フライパンにバターかオイルを熱し、そばの実を炒める。そこへ湯を注いで、ふたをして蒸す。「そばの実はグリェーチカといいます。私は急いでいるとき、お湯が沸いた鍋に、直接グリェーチカを入れてゆでてしまいます」。

市場のトイレは有料。便器の形が日本と違うので、どちらを向いてしゃがめばいいやら分からない。そういえば、中国の公衆トイレもよく似た形だった。若い娘もおばあちゃんも、みなお尻を奥へ向け、入り口の方を向いて用を足していた（扉がなかったので観察できた）。

足場に両足をのせ、中国人のようにしてみる。くしゃくしゃに丸められた使用済みの紙が、くず箱から溢れそうになっている（便器に流してはいけないので）。紙は灰色で硬い。これもまた、中国と同じ。水洗のボタンは、ペットボトルのふたを工夫して、壊れたのを直してあった。夫が喜びそうなので、近寄って写真を撮る。

市場を出て、トロリーバス（路面電車のようなバス）に乗る。車内には緑色のペンキが塗り込められ、パイプの椅子も緑。シートがぺたんこで、椅子ごと傾いている席もある。窓の上の方だけおおっている化繊のカーテンは、日よけだろうか。ストリッパーの衣装みたいに光った水色で、透けている。席と席の間はやけに広く、地下鉄の通路みたいにそっけない。壊れたところを修理しながらペンキを塗り重ね、雨の日も、極寒の雪の日も、どれほどの長い年月をこのバスは走り続けてきたんだろう。「用途のみ満たされれば、飾りなどいらぬ」というこの感じ、私は好きだ。

緑の中を走って大通りまで出る。トロリーバスを降りると、どこまでも続くまっすぐな坂道。歩きながらオルガさんが、建物の歴史や通りの説明をはじめた。市場のときよりオクターブ高いガイド口調。お腹から声を出し、休むことなく喋り続ける。私は興味がないので、まったく頭に入ってこない。左手遠方に、金色に光った玉ねぎ屋根のお城みたいな建物が見えるけど、長々と説明をされそうなので、何も質問せずに歩く。

通り沿いに、赤レンガと黒ずんだレンガが組み合わさったいかにも古そうな建物をみつけた。石段を駆け上り、チョコレート色の扉を撫でてみる。四角く盛り上がっているところも、麦の穂みたいな模様が彫ってあるところも、なんて板チョコにそっくりなんだろう。とてつもなく厚みのある一枚板でできているのが、手の平を通して伝わってくる。「ここは、軍隊の建物です」。すかさずオルガさんの講釈がはじまった。

「オルガさん、私たちは知識や言葉より、景色をぼんやり眺めたり、触ったりするのが好きです。だから、オルガさんの説明を聞いていなくてごめんなさい」。私がそう言うと、にこやかな表情のままオルガさんは、「聞かなくて、いいんです」と言いおいて、続きをずんずん話しはじめた。

そのあとで入った「郷土博物館」でも、オルガさんの口は止まらなかった。ゆっくり眺めている川原さんのところに行って、私にしたのと同じ説明をしている。木の皮でできた先住民の住居や、三脚に似た古代の竈《かまど》、昔の暮らしを再現した部屋、民族衣装。たいへん価値のあるものだとは分かるのだけど、私には特別なように見えない。大勢の人の目にさらされすぎたり、写真を撮られすぎたりすると、物としての力が失われることってあるんだろうか（ロシアの博物館や美術館では、入場料と別に券を買えば、写真を撮ってもよいことになっている）。ひとつだけ気に入ったのは、黄ばんだ白地の紅茶茶碗に、薄紫のリラの花が描かれた古い磁器。揃いのピッチャーもある。じっくり眺めてから写真を撮った。

博物館を出たら、猛烈な眠気がきた。お腹は空いているのだけど、レストランに入る気力もない。「この先に、たいへん眺めのいい、有名な展望台があるから行きましょう」と、明るい声でオルガさんが言う。しぶしぶついていった先は、アムール川が見渡せる高台の丘で、吹き飛ばされそうなほど風が強く、たまらなく寒かった。

ぐったりくたびれて帰りつき、昼寝。

夜の9時15分。目が覚めるとまだ晴れている。3時か4時くらいの明るさ。黄色じみた西陽に照り映える葉っぱ。街路樹がサワサワ揺れて、オリーブ色の葉裏が見える。綿毛が宙を舞い、光っている。

外があんまり気持ちよさそうなので、川原さんと水を買いに散歩へ出る。歩道の角のところに、ポプラの綿毛が脱脂綿のようにかたまって、吹きだまっている。そのまわりで、丸々太ったハトたちがよちよち歩く。百合子さんの窓から見えた丘へも行ってみる。けど、車が停まっている向こうに黒い鉄柵が張り巡らされ、そこから先へは行かれない様子。

川「ロシアってさ、鋳物の柵や鉄格子にも、いろんな装飾のがあるんだよね」

私「へえ。ほんとだ。これはチョコレートクリームを絞った飾りみたい。川原さん、あちこちの柵の写真、撮ってたね」

川「うん。そういえば、さっきのオルガさん、壊れたラジオみたいだったね。たたいても振っても声が消えないの」

私「ふふふ、ほーんと」

レーニン広場を通って、24時間営業のコンビニへ。アイスを食べ食べ帰ってくる。

私はお風呂。川原さんは、市場で仕入れた食料を窓辺に並べ、ディナーの支度をしてくれている。ウズベク地方のパン、ヴァリニェーツェ（褐色のヨーグルト）、トマト&きゅうりのピクルス（ウラジオストクの市場で買った）、ソーセージ（U字型の生サラミっぽいのを厚切りに。これもウラジオストクで買った）、蜂蜜3種（そばの花、ボダイジュの花、蜂の巣入り）、カモミールティー（川原さんが東京から持参）。赤ワインがほしかったけど、がまんする。

6月23日（木）晴れ

7時半に目覚ましが鳴って起きた。いちども目が覚めることなく、ぐっすり眠れた。旅先だといつも眠れないから、こんなのははじめてのこと。

おならがプーと出ても、まったく臭くないのはなんでだろう。

カーテンを開けると、今日もまたポプラの綿毛が飛んでいる。上の方へのぼったり、流れたりして、風の吹くままおもむくまま、青空にキラキラキラキラ光っている。風というより気流だろうか。ポプラの木は、早く大きくなるとオルガさんが言っていたから、百合子さんの窓から見えたポプラは、最近になって植えたものかもしれないな。あのころにはなだらかな丘だけしか見えなくて、その丘の上に、学校みたいな建物があったんだろう。

8時、朝ごはんを食べに食堂へ。

ここのエレベーターは、ボタンを押すのに力がいる。金属の板に、ごっついボタンが埋め込まれている。どこで降りたいか、指をまっすぐにして意志を持って押さないと反応しない。東京にいるときみたいに、なんとなく触っただけではだめ。ロシアって、そういう国だ。

食堂はバイキング形式。カウンターに並べられた料理を食べたい分だけ取り分け、お盆にのせる。カールしたマカロニ（ただゆでただけ。小さいボウルによそってある）、トマト、きゅうり、グリンピースのサラダ（これもマカロニと同じ大きさのボウルによそってある）、ミートボール（白っぽい。スープか何かでゆでてある）、ソーセージ、ハム、ゆで卵、スライスチーズ、黒パン&白パン、デザートはブリヌイ（そば粉のパンケーキ、スメタナ添え）。

空いているテーブルがないので、ワイシャツ姿の初老の紳士と同席する。抜けるほど白い肌の、赤ら顔の太った紳士。ポケットにネクタイピンを差している。紳士は、ひとり静かに食べている。流れるような動作で、たいそう品がいい。私は自分のを食べながら、気づかれないよう注意しながら、じっと観察する。

サラダのボウルは、子ども用のお椀みたいに小さいのだけど、紳士は決して持ち上げない。器用にフォークを動かし、左手にはいつもパンがある。サラダを食べながら、ちょうどいい間合いでパンを口へ運ぶ。

サラダを食べ終わると、器に残ったドレッシングをマカロニにかけ、ミートボールをそこに加えてつぶしながら食べている。カールしたマカロニは、フォークの先にいくつもつき刺して、ひとまとめにしてから食べる。

どの器もきれいに食べ終わると、スライスチーズを小さく折りたたんで、ひと口で食べた。いちばん最後はゆで卵。フォークの背でそっとたたき、細かくひびを入れて殻を剝く。左手に食卓塩、右手にゆで卵を持ち、塩を振りかけながらいかにもおいしそうに食べている。

この紳士はきっと、うちの夫みたいに好物をお終いまでとっておく質の人なんだ。隣のテーブルの男たちもまた、フォークの先でマカロニを刺し、束ねて食べている。私も真似をして食べる。

腹ごなしに、川原さんと5階まで階段を上った。

部屋に入るとホッとする。どこから帰ってきても、ここがいちばんわが家っぽい。境港からの船室より、ウラジオストクの部屋より、どこよりも。

あれ？　ウラジオストクのホテルはどんなだったっけ。もうすっかり忘れてしまった。

またいつか、ハバロフスクへ来ることがあったら、このホテルに泊まろう。道路側の私たちの部屋は新しく改装されているけれど、百合子さん側の、公園に沿った方の部屋は昔のままだそうだ。でも、いつまでたっても私は、２２６号室には泊れないような気がする。

今、窓際の床にしゃがみ込んでこれを書いている。ポプラの綿毛の動き方が、何かに似ているなとずっと思っていたのだけど、それは、小雪が舞っている空を見上げたときにそっくりなのだった。落ちながらのぼったり、さまよったり、ひとときもとどまらずに空を遊ぶ。シャボン玉にも似ている。

電線が、水色の空に大きくたわんでいる。斜め上には、白い半月がくっきりと出ている。月に向かって綿毛がいっせいに、ふらふらふらふらふらのぼってゆく。写真に撮ってもこの白い月は写らないだろうから、私は目の奥の奥まで開いて、よーく見た。

さて、そろそろ私もスーツケースの荷物をまとめよう。川原さんはさっきひとりで、裏の丘を散歩してきた。ホテルの隣にある、イタリアンレストランの脇道を抜けると、中に入れるんだそう。あとで私も行ってこよう。

部屋に戻ると、川原さんは窓際に椅子を寄せて絵を描いていた。白い窓枠、たわんだ電線、向かいの建物、窓いっぱいに綿毛が舞っている。

絵を描いている川原さんに向かって、さっきあったことを私は喋る。

ホテルのすぐ裏の草むらへ分け入って、百合子さんの窓の写真を撮っていたら、おじさんに呼び止められた。「そこで何してんだ！」と怒鳴られたような気がした私は、首をかしげ、合わせた両手を枕にして、寝ている仕種を見せてから、ホテルの窓を指差した。「私はあのホテルに泊まっています。怪しい者ではございません」と、ジェスチャーでやったつもり。

おじさんは何も答えず、自分の手首を指差した。それでようやく、「何時ですか？」と聞かれたのだと分かった。私は安心し、遊歩道につっ立っているおじさんに近寄って、腕時計を見せて教えた。おじさんは「アー」だか「ダー」だか言いながら、私の顔を覗き見ると、もっと見ていたいような顔を残して、あっちへ歩いていった。

10時20分、オルガさんが迎えにきてホテルを出る。タクシーに乗り込む前、最後にもういちど「ツェントラリナヤホテル」を仰ぎ見る。私は一枚だけ写真を撮った。

ハバロフスク駅の待ち合い室にて。

次の目的地ウラン・ウデまでは、シベリア鉄道で2泊3日かかる。いよいよ鉄道だけの旅がはじまる。ここからは川原さんとふたりきりで過ごすので、列車の中で必要そうなことを、大急ぎでオルガさんに教わる。停車駅によっては、プラットホームで露天の店を出し、近所のおばさんたちが自家製のペリメニ（ゆで餃子）や、バターでころがしたじゃがいも、ピロシキなんかを売っているらしい。私はそれを、どうしても食べてみたい。

まず、ピロシキの名前から教わる。「ピロシキ・ス・ルーカ」は青ねぎとゆで卵入り、「ピロシキ・ス・カプースタ」はキャベツ、「ピロシキ・ス・カルトーシュカ」はつぶしたじゃがいも入り。

オルガさんは、レバーご飯の入った「ピロシキ・ス・ピーチンニュー」が好きだそう。「玉ねぎとレバーを炒めてから、ミンチにして、ご飯を混ぜて具にします。うちでもよく作ります。ピロシキは、生地を発酵させたり具を包んだりと手間がかかるので、作るときにはいろんな具を用意して、まとめて作ります。ニッポンの、えーと、オニギリに似ていますか？　昔は近所の人や親戚が集まって、みんなで作りました。今はオーブンで焼きますが、昔はペーチカでいちどにたくさん焼いていました。自家製のピロシキは、具がいっぱいで皮が薄いです。具の味を強くしても、包んで焼くと、生地に味がしみてちょうどよくなります」。

オルガさんはまた、料理上手なお母さんに戻った。

ロシアの列車は何の前触れもなく発車するから、買い物をしている間においていかれないよう、ロシア語も教わる。

「何分間、停車していますか？」は、「スコリカ　ミヌートゥ　スタイーム」。「何という駅で長く停まりますか？」は、「ナカコーイ　スターンツィー　ブデム　ドーゴル　スタヤーチ」。

「駅に着いたら、降りようとしている人をよく見ることです。若いお兄さんだけだと、すぐに買って戻ってこられるから、停車時間は短いかもしれません。おばあさんやおばさん、子どもたちが降りていったら、その駅はゆっくり停まるから、大丈夫です」

発車は11時25分。たっぷり時間があるので売店でビールを探すが、ガラスケースに並んでいるのは、水やジュース、クワス（麦芽やライ麦を発酵させた飲み物。アルコール分はほとんどないらしい）ばかり。

こんどのシベリア鉄道は「ロシア号」。川原さんは下の段、私は上段を予約してある。ベッドに寝転びながら、流れゆく車窓を眺めるのはどんなだろう。窓は、開けられるのだろうか。

ウラジオストク港 到着
6.20. 15c

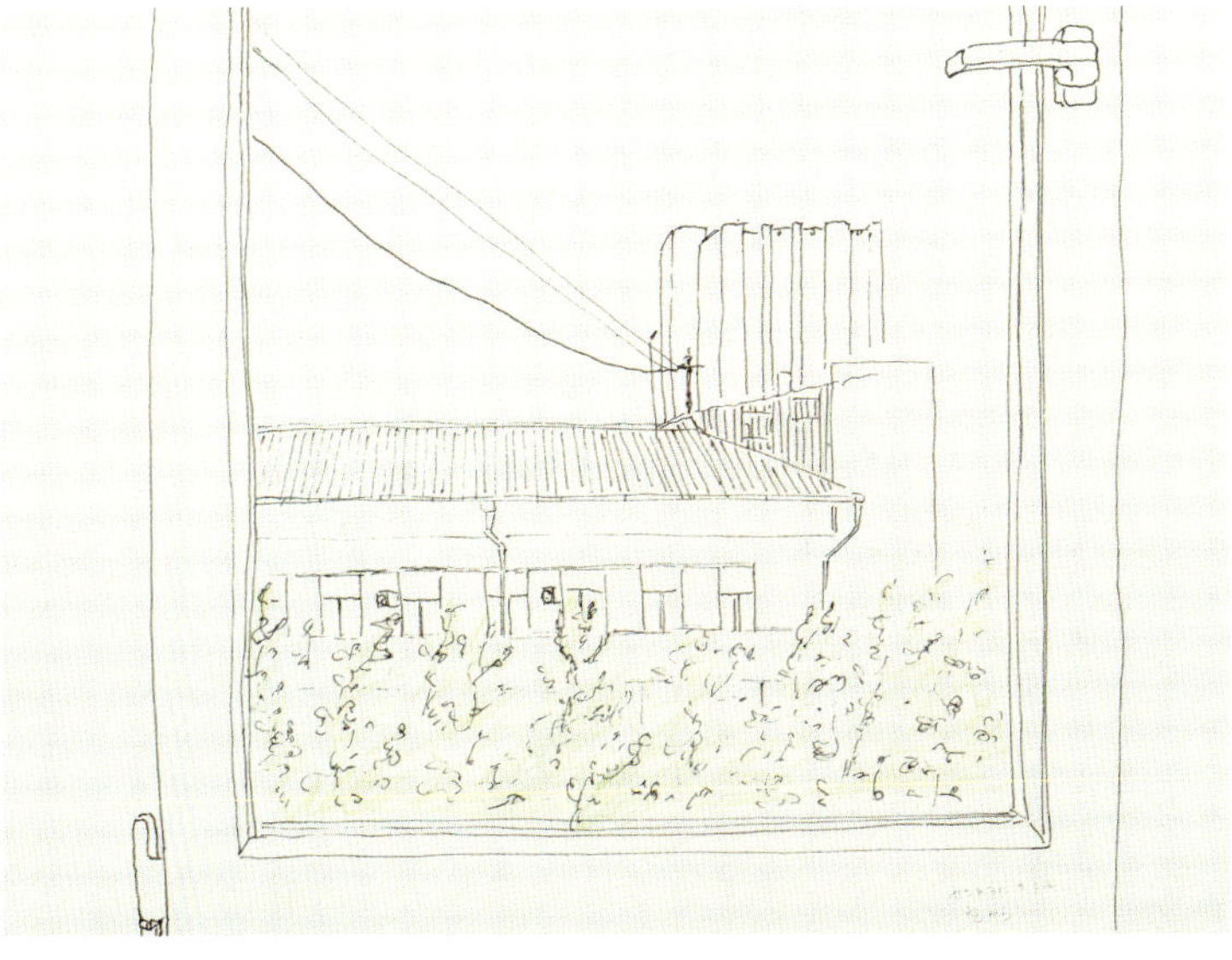

通路に立って、
景色を見続ける
高山さん

サーモンフライ
ジュリエン
サリャンカ
シベリア鉄道 食堂車にて

シベリア鉄道
州駅近く
ビールをのみながら
6.23 12:45

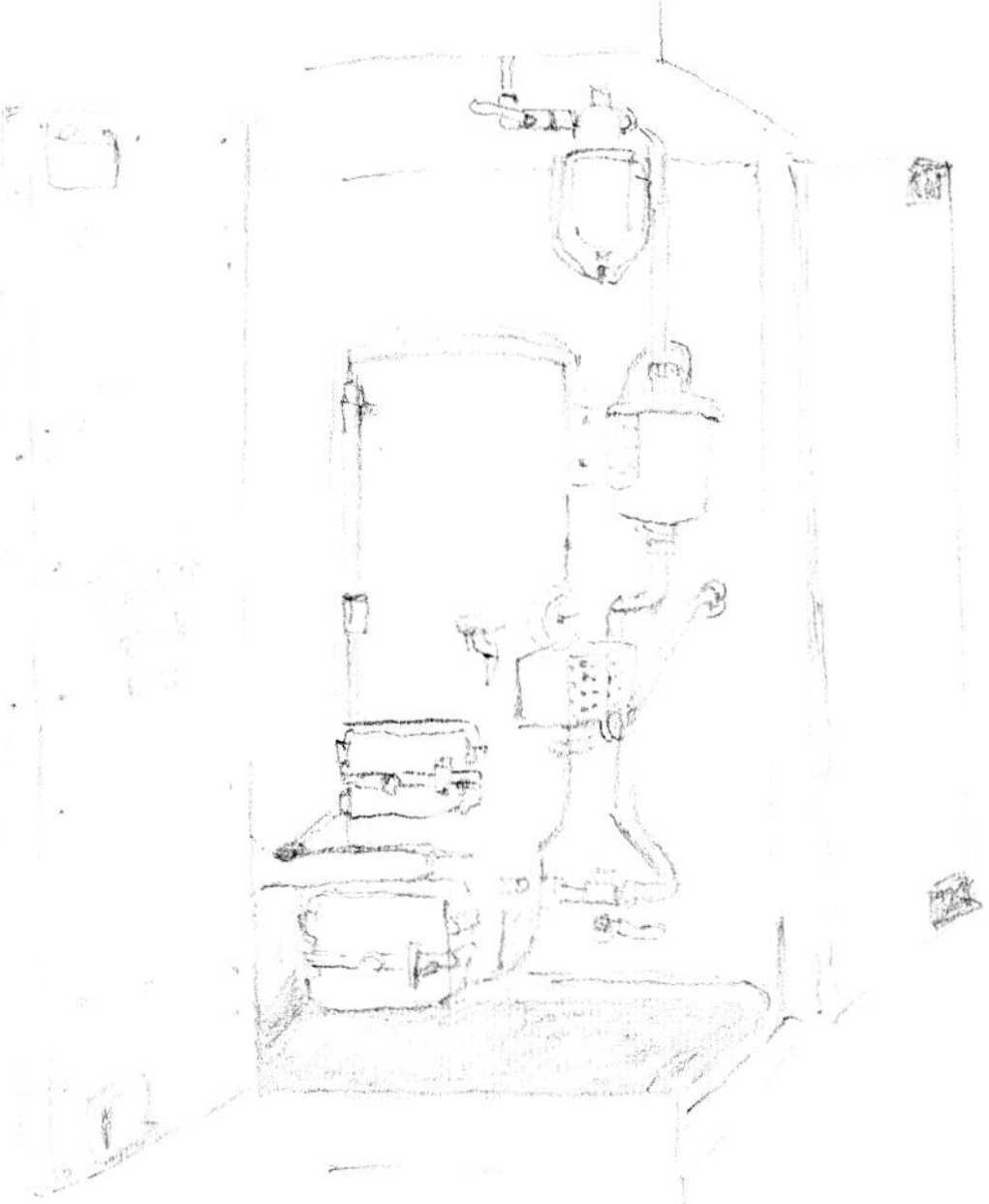

シベリア鉄道の
サモワール

モゴチャ駅から乗ってきた
イーグル

ガルシオーチア
豚肉のつぼ焼き
赤ピーマン・じゃがいも
きゅうり いんげんみたいの
アクローシカ
夏のスープ
きゅうり、ラディッシュ、ねぎ、
クワス
卵の白み

КВас
クワス屋
ウラン・ウデ

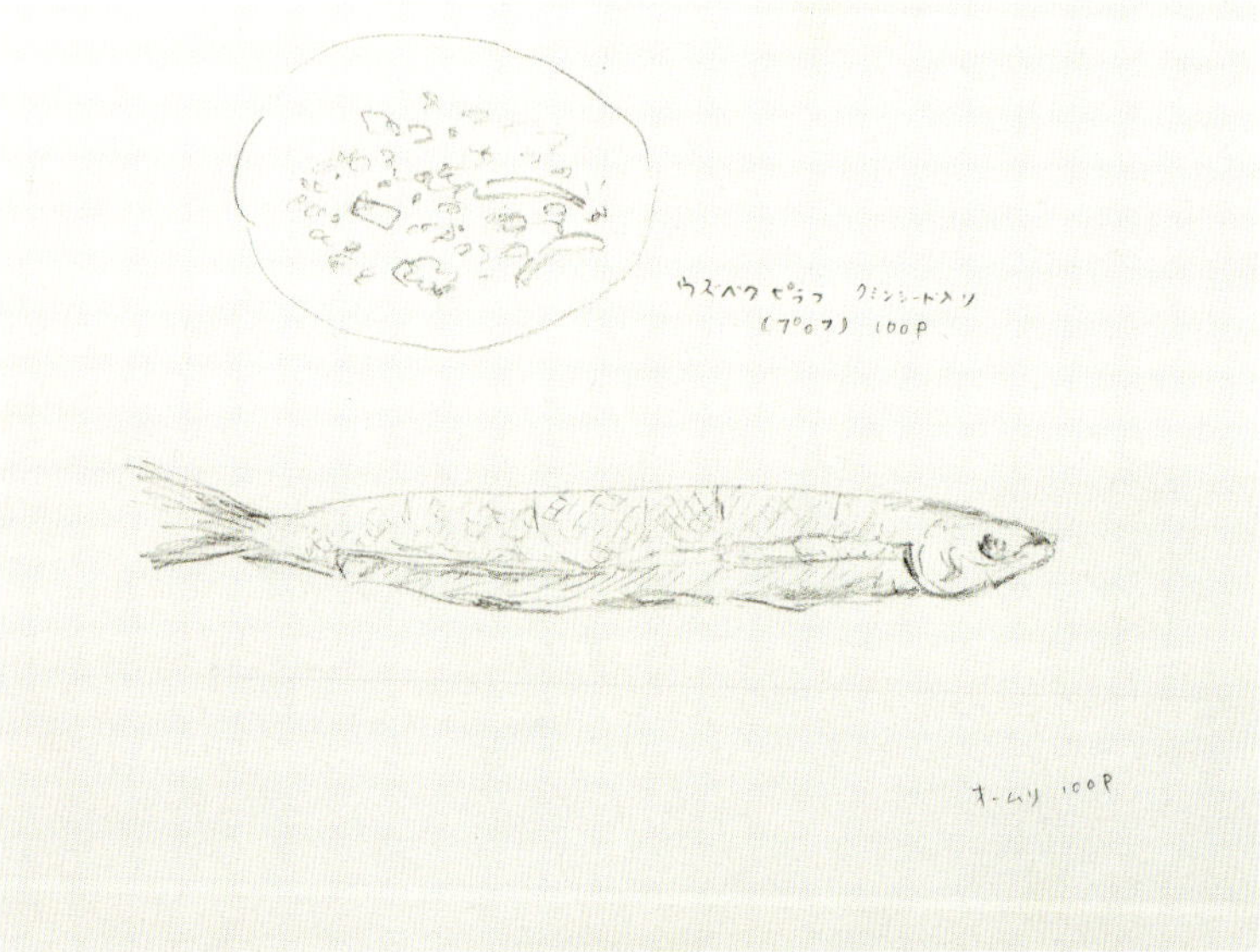
ウズベク ピラフ クミンシード入り
（プロフ） 100P
オームリ 100P

ナーこリー
いちごジャムが入った
ピロシキ
フィッシュケーキ
サーモン、キャベツ、たまねぎ
ケーキはデザートみたい
夏のサラダ
トマト きゅうり、たまねぎ
ディル
オムリのから揚げ
マッシュポテト
淫ー
キャベツのサラダスープ
キャベツ にんじん、たまねぎ、ディル
牛肉 じゃがいも
サバンガリャというハーブティ
イバンチャイ（すっぱい、柳の実）
ピロシキ（ピロジョークが集まると）
ピロジョーク（小さい）
ピローグ（大きい）

鳥の笛を売る人
ウラン・ウデ

4　シベリア鉄道

ロシア号の車体は赤、青、白の、ロシアの国旗と同じ色。

午前11時25分、定刻通りにハバロフスク駅を出発した。発車までホームで待っていてくださったオルガさんと、窓越しに手を振り合う。

駅を出てトンネルをくぐり、茶色い水の川を渡ってしばらくすると、ダーチャらしき家々が見えてきた。ダーチャというのは、都会の人たちが夏の間郊外で過ごす菜園つき別荘のこと。赤や緑色の屋根のかわいらしい家々。三角屋根もあるけれど、牧場の牛舎みたいなこんもりした形のもある。屋根のすぐ下の窓は屋根裏部屋だろうか。畑の作物が育っている。野良仕事をしている人もちらほらと見える。

列車に乗り込む前、オルガさんがジプシー風の顔つきの女の人（ちりちりの髪にくたっとしたカーディガン姿）に向かって、「停車駅でピロシキは買えますか？」と聞いてくれた。「ピロシキだったら、車内販売でも買えますよ」と、身を乗り出すように答えていた彼女のことを、てっきり私は物売りのおばさんなのかと思い込んでいたのだけど、うちの車両の車掌さんなのだった。濃紺の制服に着替え、帽子をかぶったキリッとした姿で胸を張り、通路を歩いている。

通路の壁には時刻表が貼ってある。とても細かい字だけど、停車駅の発着時間（すべてモスクワ時間で書いてある。ハバロフスクとの時差は7時間）が記してあり、どの駅で何分停まるのか分かるようになっている。前に乗った「オケアン号」もきれいだったけど、この列車の方がさらに新しい。サモワールがすぐ近くにあるから、お湯をもらいにいけばいつでも紅茶が飲めるし（ハバロフスクで買ったティーバッグがたっぷりある）、トイレも清潔だ。

車内販売がまわってきたので、ビールを買ってみる。私は風車が描かれた大きな缶、川原さんは数字の「3」の茶色っぽい瓶ビール（両方とも60ルーブル＝約170円）を選んだ。いちばん小さいのがこのサイズ。日本にあるような350ミリリットルのビールはロシアにはない。テーブルの下についている栓抜き（ガイドブックに書いてあった）を、はじめて使った。

私は川原さんのシートに座って、走りゆく窓の景色を眺めながら、ビールをちびちび飲みながら、この日記を書いている。同室のお客さんがまだ乗ってこないので、川原さんは進行方向が望める側のシートを借りて、景色を眺めながらビールの絵を描いている。どこまでも広々とした草原。ずっと何にもない。その中を走りぬけてゆく。冬には、ここいらは真っ白な雪の原になるんだろうな。ところどころに咲いている黄色い花は、キンポウゲだろうか。

旅がはじまって今日で6日目、ようやく時間の流れに寄り添えるようになってきた。今までは時間の方が駆け足で、私はずっと、後ろから追いかけっぱなしだった。シベリア鉄道は、ひとマスひとマスゆっくり進む双六の旅みたい。

集落らしきところがぽちぽち見えてきて、小さな駅を通過した。駅舎には「Ин」と書いてあった。

『地球の歩き方』の「『ロシア号』沿線ガイド」で調べると、ハバロフスクから9つ目のインという駅だった。ひとつ目の停車駅ビロビジャンまでは、あと5駅だ。

ふと通路の方を見ると、向こうの窓にも草原が広がっているのだった。

そうか、私たちは大草原のただ中を走り抜けているのか！

「オケアン号」のときは夜だったから、コンパートメントの扉自体を閉め切っていて、通路側の窓など見たことがなかった。

靴下のまま通路へ出て、眺める。空と、大草原と、弛んだ電線。ただそれだけ。

電信柱は黒っぽい古ぼけた木で、背が低く、Tの字に横棒が一本加わった楔形文字みたい。宮沢賢治の『月夜のでんしんばしら』の電信柱だ。20メートルおきくらいに、どこまでもどこまでも並んでいる。

2階のベッドによじ上ってみる（ここが私の指定席）。天井は、体を起こしても頭がぶつからないくらいの十分な高さがある。思ったより広く、屋根裏部屋のよう。腹ばいになって頭だけ横に倒し、窓と同じ高さに顔を持ってくる。カーブにさしかかると、細長い窓の景色は時計まわりと反対側に流れてゆく。草原になったり、白樺林になったり、白い小さな花がチチチチと咲いていたり、池があったり。

1時半にビロビジャンに着いた。ぽつりぽつりと乗客が降り、列車は何の合図もなく、スーッと走り出す。何もなかったかのように。

まっ青な空にラピュタの雲。下の方からむくむくと、空の上まで積み重なって、ところどころ黄色く光っている。仰向けになって目をつぶると、すぐに瞼が重たくなり、そのままいくらでも寝ていられる。

4時過ぎ、オブルチエで15分停車。

線路を渡って土手を上り、売店でマラコー（牛乳）とビールを買った。ホームには何もないのに、どうしてそこに売店があることが分かったかというと、パンをぶら下げた旅行者が、線路脇の土手を慌てた様子で下りてくるのが遠くに見えたから。白いペンキを塗りたくっただけの小屋に、小さなドアがぽつりとついているので、鉄道関連の倉庫みたいにも見えるのだけど、ドアを開けたら、やっぱりそこが売店なのだった。

乗客たちはホームに出て、のびをしたり腕をまわしたり、煙草をふかしたりしながら、思い思いの恰好で息ぬきをしている。乗り遅れのないよう、さっきの女車掌さんは乗車口のところに立って目を光らせている。まちがえて隣の入り口から乗りそうになったら、私の腕をつかみ、こっちだと教えてくれた。無事ウラン・ウデまで着けるよう、「このニッポン人ふたり組をよろしく」

と、オルガさんが頼んでくれたのかもしれない。

トンネルに入ると、いきなり真っ暗になる。絵を描いている川原さんも、本を読んだり日記を書いたりしている私も、すとんと何もできなくなる。本当に何もできないので、トンネルを抜けるまでふたりでじっとしている。

それから何時間もたって、電気をつければいいことにふと気づき、スイッチを探してみた。扉の横のボッチを押してみたら、やわらかい灯りがついた。日中の明るい間でも、これをつけっ放しにしておけばいいのだ。私がスイッチを押して電気がパッとついたとき、川原さんは呑気な自分たちに向かって、「バカモノ！」と、破裂するみたいに笑った。

夕食を食べに食堂車へ。注文するのに時間がかかってもいいように、「ゆっくり」と「ごめんなさい」のロシア語を調べてから行く。

通路をずんずん進み、車両と車両が連結されたところをいくつも通り抜けると、重厚な金属の扉にぶつかった。何十年も、もしかしたら百年近くも使われてきたような威厳のある銀色をしている。ちょっとやそっとでは動かないのを、体重をかけて押してみた。

いきなり食堂車が現れた。お客さんは誰もいない。きっちり化粧をしたロシア女が、2人掛けのシートに太った体を押し込んで、お金の計算をしている。私たちを見ると、ふっと笑顔になった。女支配人だろうか。

テーブルもシートも、思った通りのがっしりした造り。紅いクロスがかけてあるけれど、この下は年季の入った飴色のテーブルにちがいない。窓辺には、深紅とピンクのラナンキュラスと、すぎなのような葉が活けてある。これは造花。とてもよくできている。『犬が星見た』にあった「すぎなの大きいの」は、これかもしれない。よくよく観察すると、若い松葉のようにも見えてくる。

まず、ロシアのワインのお薦めを聞いて注文。ウエイターのお兄さんは、赤か白かを私たちに尋ねるとき、自分が運んできた水のグラスと、メニューの赤いビニールカバーを指差して「どっち?」と聞いた。ビニールカバーを指して、赤をたのむ。

メニューには写真もついているし、英語の説明もある。前菜にジュリエンというグラタンのようなのをひと皿ずつと、スープはサリャンカ、主菜はサーモンステーキをたのむ。量が多いだろうから、ふたりで分け合いながら食べようと思って。

料理が運ばれてくるまでの間、川原さんに絵をねだる。お姉ちゃんに甘える妹みたいに。

私「川原さん、あの雲描ける?」

川「描けるよ」

私「じゃあ、描いて描いてー」

食堂車には私たちと女支配人だけ。さっきのお兄さんは奥へ引っ込んだまま出てこない。もしかすると、彼が料理を作っているんだろうか。ロシア人のほうが悠然としているから、「ゆっくり」と「ごめんなさい」は必要なかったな。

列車は、どこかの駅で停車した。私は日記帳に駅舎の絵を描く。「ＡＰＸＡＰＡ」と書いてある。クリーム色の壁とそら色の窓枠。百合子さんのいう「ゆで卵の黄身色」は、きっとこの壁みたいな色のこと。ゆで卵は、日本のでなくロシアの卵（ハバロフスクで食べたゆで卵の黄身はクリーム色っぽかった）なのだ。壁にはめこまれた時計の針が、11時15分（モスクワ時間）を差しているのも描く。

ワインとジュリエンが運ばれてきた。ナイフとフォークはずっしりと重みがあり、2本まとめてピンクの紙ナフキンでキュッとくるんである。ロシアのワインは甘くておいしい。赤ぶどう酒という感じの味。

ジュリエンは、グラタンほどこってりしていない。おいしいけど、わりとふつうの味。作り方はきっとこうだ。玉ねぎをカリカリによく炒めたところに、サラミと、マッシュルームに似たきのこの細切りを加え、生クリームかサワークリームで軽く煮る。それを耐熱皿に移し、チーズをふりかけオーブンで焼いて、刻んだディルを散らす。

サリャンカは、茶色い大きな壺にたっぷり入って出てきた。3人前はありそうな量。オレンジ色のスープにサワークリームがぽっかり浮かび、鍋のぐるりで油が輪っかになっている。いろんな種類のハム、ベーコンや玉ねぎを炒めて煮込んであるみたい。半月切り（分厚い）のレモンを皮ごと加え、そのまま煮てある。パプリカの粉も少し入っている。トマトの酸味というより、ピクルスの汁を加えてあるような味。スープはだしがききすぎてなくて、とってもおいしい。サリャンカは、ロシア人にとってはみそ汁みたいなものだろうか。

サーモンステーキは、4センチはありそうな厚切りで皮までカリカリ。衣も厚く、ナイフを入れたらバフッと音がした。焼きくずれたトマトが上にのっかり、皮つきのフライドポテトがたっぷり添えてある。ディルが散らしてあって、脇にはケチャップを水で薄めたようなソース。

食べている間に、またどこかの駅に停まった。

駅を出て走りはじめると、たちまち田舎の景色になる。茶色い板の切れっぱしや、ペンキの剝げかかったピンクや黄緑色の板柵が、木造りの家や、ささやかな畑のまわりを囲っている。ここは、イソップ物語の『オオカミと少年』に出てきそうな村だ。

ワイングラスを脇に置いて時々飲みながら、計算を続けている女支配人は、いかにも女ボスという貫禄。

「フクースナ、スパシーバ(おいしかったです、ごちそうさまと言ったつもり)」と、川原さんと口々に伝えると、手の平で胸元を押さえながら、大輪の花が開いたような笑顔で、「パジャールスタ(どういたしまして)」と答えてくれた。

残ったワインの瓶を持ち上げ、私が首をかしげる(部屋へ持ち帰っていいか?と聞いているつもり)と、すぐに「ダー、ダー」と頷いてもくれる。調子にのった私は、「ワイングラスも借りていいか?」と、身ぶり手ぶりで聞いてみる。女主人はペチャラクチャラと何か言うと、また胸元を押さえながら、こんどは赤い唇を尖らせ、「チュッ」と音をたててよこした。きっと、「返すのはいつでもいいわよ。返しにきたついでに、また食事をしていってね」と言ったんだ。胸元を押さえるのは、ロシアの人が心を込めるときにやる仕種だろうか。

帰り際、「スパシーバ」と声をかけながら、私も真似をしてみる。ワイングラスを持っていない方の手で胸元を押さえ、心を込めた声で。

部屋に戻ると、なんとなしにいい匂いがする。慣れ親しんだ自分たちの部屋の匂い。うちの車両にはトイレがふたつあり、使用中だと掲示板に電気がつく仕組み。いつ入ってもトイレがきれいなのは、女車掌さんが掃除をしてくれているからなのだった。通路側の窓も、彼女が拭いている。目を近づけ、念入りにこすっている。きっと、私のおでこのあとがついているのをみつけたんだ。

夜の8時前だというのに、窓の外は夕方4時くらいの明るさだ。上から下まで、奥の方まで、空のぜんぶが見渡せる。黒っぽい雲が上の方を帽子のようにおおっている。下には水色がいっぱいに広がっているのに。そのうち雨が降ってきた。今、私たちは雨雲の下へもぐったのだ。

列車は、ホームも何もない草原で停まった。黄、白、薄紫、オレンジ色の花がところどころに咲いて、風もなく、音がしないような、雨上がりの原っぱ。川原さんはずっと絵を描いている。

9時半過ぎにトイレで顔を洗い、2階のベッドによじのぼって横になる。

今日一日、相部屋のお客さんは乗ってこなかった。このまま、ウラン・ウデまでふたりだけの貸し切りだといいのだけど。

6月24日（金）晴れ

ゆうべは10時半くらいに眠くなり、電気を消して目をつぶっていたのだけど、眠りに落ちようとしていたちょうどそのとき、お客さんが乗ってきた。

がたいの大きな、頭をつるつるに剃り上げた若い男。声が大きい。下で寝ていた（懐中電灯で本を読んでいたのだそう）川原さんは、ビールをすすめられて飲んでいた。私も誘われたけど、なんだか怖いような気がして断った。扉を閉め切った夜中の狭っくるしい部屋に、見ず知らずの大男と一緒にいるだなんて。

しばらくたぬき寝入りをしていたのだけど、気になってますます眠れない。男がトイレへ行った隙をみて、「大丈夫だった？」と川原さんに声をかけてみた。川原さんはちょうどのどが渇いていたので、男（アンドレイというらしい）が持って入ってきた大きなペットボトルのビールが、キラキラ光ってとてもおいしそうに見えたんだそう。それで、何の疑いもなくごちそうになったところが私に言われたとたん急に怖くなってしまい、けっきょくひと晩中、懐中電灯を握って寝たそうだ（夜中に襲われたら、戦えるように）。

私もほとんど眠れなかった。アンドレイと顔を合わせるのがおっくうで、できるだけ壁側を向いていたのだけど、たまに寝返りを打つと、パソコンをやっているらしい彼の頭が見えた。

線路の上の石を踏んでしまったんじゃないかと心配になるくらい、大きく揺れて、体が転がったり、ゴーッという地鳴りのような音がすると、揺れはじめの大地震の感触を思い出したりしていた。

大嵐の中を突っ走っていたような気もする。どこかの駅で列車が停まり、「霧のため動けません」と、ホームの方から日本語のアナウンスが聞こえてきた。あれは夢だったのだ。

朝、トイレに行こうかどうしようかさんざん迷い、よし、行こう！　と心を決めて、「グッド・モーニング」と声をかけたら、アンドレイはスポーツバッグを肩に担ぎ、片手を揚げて、爽やかに出ていこうとするところだった。「じゃあ、オレ行くね！」という気さくな感じで。ウラン・ウデまで一緒だったらどうしようと気をもんでいた私は、あっけにとられた。

もしかすると、これも夢だったのかもしれないのだけど、アンドレイはロシア号に乗っている自分の映像をビデオカメラで写し、ユーチューブかどこかに投稿していたんじゃないかという気がする。どうしてそう思ったかというと、明け方、誰かに話しかけているようなアンドレイの声がして、そのあと、列車が揺れる音をバックに、さっきとまったく同じ声がパソコンを通した音で聞こえてきたから。だとしたら彼は、鉄道が大好きな陽気な若者で、憧れのシベリア鉄道に乗れたのが嬉しくてたまらず、はしゃいでいたのかもしれない（川原さんに聞いたら、眠っていたから分からないとのこと）。

私は申しわけないことをした。用心深い私のせいで、冷たいビールをおいしく飲んでいた川原さんの無邪気な心も傷つけてしまったし、アンドレイが降りてすぐ、目覚まし時計がなくなっているのに気づき、まっさきに彼のことを疑ったのだ（あとで落ち着いて探したら、シートの下に転がっていた）。

エロフェイ・パーヴロヴィチ駅で21分停車。いつの間にか、車掌さんが違う女の人に変っている。

朝ごはんを買いに降りる。この駅にはホームがない。地べたにむき出しになった線路を渡ると、レンガを積み上げた塀の上にピロシキなど並べ、近所のおばちゃんたちが店を広げていた。

クリーム色のホウロウ鍋には、卵くらいの大きさのじゃがいもが入っている。白いお皿にはペリメニやピロシキがビニール袋ごとのっかり、埃が入らないよう口を閉じ気味にしてある。

私は「カプースタ（キャベツ入りですか）？」と聞いてから、ペリメニを選んだ。ピロシキは、「カルトーシュカ（じゃがいも入り）」とおばさんが指差したのを選ぶ。ピロシキ以外、買ったものは日本のおでんみたいにぜんぶ同じビニール袋に入れてよこす。

10時半に朝ごはん。

じゃがいものバター煮、ピロシキ（マッシュポテト入り。さきおとつい、ウラジオストクの市場で仕入れたディルを添えた）、ペリメニ2種（キャベツのみ&マッシュポテトにキャベツが混ざっている）、きゅうりとトマトのピクルス（同じく市場の）、パン（スーパーで買った白食パン）、紅茶（私だけミルク入り）。

じゃがいものバター煮が、ねっとりしてとてもおいしい。中まで味がしみている。玉ねぎをよく炒めたのにからめてあるみたいだけど、かといって油っぽくもない。

想像する作り方は、①玉ねぎをバターでカリッと炒める（ロシア人はちょっと焦がし気味にするのが好きなのかも）。②皮をむいた丸ごとのじゃがいもを加え、塩をふって軽く炒める。③ブイヨンとバターを加え、ゆっくりゆでる。

ペリメニは、じゃがいものねっとりと皮のねっちりが合わさって、とてもおいしい。ピロシキもペリメニも、具は同じじゃがいもなのにまったく飽きない。きっと、それぞれが違った味わいになるよう、さりげなく工夫してあるんだな。

きのうから、通路で景色を眺めているドイツ人らしきおじさんがふたり。挨拶などしなくても、少しずつ顔見知りになってゆく。笠智衆に似たノッポのおじさん（いれちがいにトイレへ入ったら、洗面所のハネがきれいに拭き取ってあった）と、黒いTシャツに迷彩柄の短パンの、おにぎりみたいな頭の男（モンゴル人か中国人のハーフだろうか、ドイツ人にしてはめずらしい顔つき）。たぶん、ふたつ隣の部屋の人たちだ。昼間はみな扉を開け放しているので、中の様子が見える。

隣室のおばさんは、袖無しの赤いブラウスに、パチッと張りつくような七分丈の黒パンツ、絹の赤いスリッパを履いている。通りかかるたび、通路に立っている私の腕にツンととがったおっぱいが触れるけど、目が合うといつも微笑んでくれる。このぐらいの距離が、私は好き。ゆうべのアンドレイは存在感がありすぎた。黒い服にスキンヘッドで、いきなり鉄砲玉が飛び込んできたみたいだった。

耐熱グラスに銀のカバーの持ち手がついたロシア風のカップで、熱い飲み物を飲んでいる人たちがいる。ためしに車掌室でミルクコーヒーを注文したら、すぐに意味が通じて、部屋まで運んでくれた。15ルーブル。カップはそのまま借りていてもいいそうだ。飲む前に写真を撮る。川原さんは写真を撮ってから、ひと口も飲まずに絵を描いている。

12時45分、アマザルで20分停車。

ホームに降りると四角い売店の小屋が見えた。別に欲しいものがあるわけではないのだけど、人込みに誘われて私も並ぶ。商品はすべて、白い木枠のガラス窓越しにある。チョコレートやビール（冷やしてない）、イヤリングなど、窓際にぎっしり並べてある。本もある。私はトランプらしきものと、夫のお土産にアーミーナイフ（スプーンとフォークもついている）を買った。合わせて360ルーブル。

乳母車にクロスをかけ、ピロシキを売っているおばさんの出店をみつけた。手の平ほどもある丸いピロシキ。また「カプースタ（キャベツ入り）？」と聞いてからひとつ買う。20ルーブル。

アマザルから先は原生林となる。森の中を走っている。窓から手が届きそうなところにも木が生えている。傾斜のあるところも通る。白い幹は白樺、黒い幹はたぶん杉の木。誰かが植林したのだろうか、あまりに広範囲なので植えたようにはとても思えないのだけど、一直線に整列して植わっている。

2時半、モゴチャで10分停車。

ホームに降りて深呼吸。風が乾いている。太陽が当たって、背中が暑い。線路の向こうには、大きな川がぺったりと横たわっている。川はゆるやかすぎて流れていないように見える。川向こうの集落には、ガタガタ道がくねくねと、細いのやら太いのやら家のまわりをぬっている。灰色のトラックが、土埃を上げながらとことこと走ってゆく。百合子さんが見た「車体がいやに高くて、空気を入れてふくらませたよう」なトラックだ。

モゴチャから2人組の男が乗ってきた。作業着のような、おそろいの水色のシャツを着ている。私くらいの年かさの男は茶色がかった金髪で、眉毛も睫毛も、びっしりと金色の毛が生え揃っている。もうひとりは30代くらいの兄ちゃん。坊主頭が伸びたような黒髪。

「あなたたちは、どこへ行くのですか?」と、川原さんがロシア語で聞いた。次の停車駅（あと5時間くらい）で降りるらしい。ふたりとも穏やかな話し声。職場の上司と部下なのかもしれない。私は、「その間、どうぞよろしく」と日本語で言いながら、胸元を押さえておじぎした。金髪の男は不思議そうな顔をしている。

それからは、私たちは何も話さない。私は通路に出ていって、残りのコーヒーを飲んだ。そのうち川原さんも出てきて景色など眺めているうちに、金髪の男がベッドの準備をはじめた。若い方もトイレから戻ってきて2階へ上り、ふたりは横たわった。横になると、ロシアの男はとても大きいのだった。

金髪の男がすやすやと寝息を立てているので、ようやく私は安心し、向い側の窓際に腰かけ、日本から持ってきた『ソーネチカ』(ロシアの小説)を読む。キャベツのピロシキを食べ終わり、赤ぶどう酒を飲みながら読む。

男はいびきをかきはじめた。横目で見ると、シャツの間からお腹が少しのぞいている。黒っぽいゴワゴワした毛が、少しだけ生えているみたい。左手の薬指には、銀色の指輪がはまっている。川原さんが戻ってきてシートの端に座り、スケッチブックを広げた。寝ている男の絵を描いている。すごく上手。

私も2階によじ上り、寝転びながら本の続きを読んだ。ふたりとも、夜勤の仕事が終わってくたびれているのだろうか。違う国の言葉を話す、何のつながりもない男たちとこうして同じ部屋にいて、それぞれが好きなように過ごしている。互いに目を合わせないよう、気づかっているのが分かる。さっき、金髪の男のおでこに窓の光が当たって、眩しそうだった。私はカーテンを閉めてあげたかったけど、できなかった。

穏やかな光が窓から差し込んでいる。列車はガタガタガタガタと車体を揺らし、一定の速度で進んでいる。このままどこまでも、男たちも目を覚まさずに、何時間も、何十時間も、何日も、停まらずに走っていればいいのに。そう思ったら、何でだろう、涙がにじんだ。

そのうち眠たくなって、パタンと本をふせ寝てしまう。今日もまた、5時に車掌さんが掃除機をかけにきた。

携帯電話の目覚ましの音（兄ちゃんの）で目が覚める。外はまだ昼間の明るさだ。

白樺林の隙間に、水の流れが見え隠れしているなと思っていたら、川が現れた。雪解け水が池になったのが集まり、できたような川だ。川幅はずんずん広くなり、緑の藻が、水底でそよいでいるのが透けて見える。こんなに間近で見たのははじめてのこと。兄ちゃんも起き出して、腹ばいになったまま首を長く伸ばし、光る川を見ている。

金髪の男に言われて兄ちゃんがテレビをつけると、料理番組をやっていた。エプロン姿の男がパプリカ、にんにく、スープに浸したパン、赤唐辛子、オリーブオイル、レモン汁をフードプロセッサーで回している。私たち4人は、寝転んだままそれをぼんやり見ていた。

トイレに行って顔を洗い、戻ってくると、川原さんがロシア語で一生懸命話しかけているところだった。途中から、兄ちゃんが少しだけ英語を話せることも分かった。ふたりは鉄道員。いつもチェルヌィシェフスク・ザバイカリスキーからモゴチャの間を運転している。イーグル（金髪）は40歳、ニコライ（黒髪）は24歳。この辺りの冬はとても厳しく、真冬はマイナス50度にもなるそうだ。夏は1年の間で3ケ月しかなく、あとはずっと冬。

川原さんは、描き上がったスケッチをイーグルに見せた。ニコライに尋ねられ、私たちも自己紹介をする（横からイーグルが、あれを聞け、これを聞けと伝えているみたい）。私は、持ってきたせんべいをあげてみる。とても大事そうに齧っているので、もう1枚ずつ手渡すと、ふたりとも食べずに鞄にしまった。家族のお土産にするらしい。

ビールを買って飲みながら、私は通路に立って窓を眺めている。

夜8時を過ぎても、まだまだ日が暮れない。ぽっこりとした山、うっすらと黄緑色の草に被《おお》われた丘はなだらかで、どこまでもどこまでも続く。畑の囲いのまわりを、山羊が3頭歩いている。川原さんは、ペンを片手に会話の本をめくりながら、まだロシア語を教わっている。

8時45分、チェルヌィシェフスク・ザバイカリスキーに着いた。

イーグルは通路に立っている私の右腕に軽く触れ、「ダスビダーニャ（さようなら）」と爽やかに出ていった。ニコライは「グッド・ラック」と片手を揚げて。

少し遅れて私たちもホームに降りた。30分の停車。

伸びをしながら振り返ると、ほかの乗客たちに混ざって、イーグルとニコライの水色の背中が見えた。私は少し、淋しいような気持ち。

英語が通じたおかげで、私たちはおたがいの素性を知ることができた。でも本当は、彼らが乗り込んできたときから、言葉ではない言葉で、しゃべり合っていたような気がする。

さて、私たちも夕食の買い出しだ。ホームを降りて、むき出しの線路を渡る。

緑の小道を入った木陰に、エプロンをしたおばちゃんがふたり店を出しているのが見える。折りたたみ式テーブルに、ピロシキやらゆで卵、ペリメニを並べて売っていた。私たちは、帽子をかぶっていない方のおばちゃんから買う（ハンバーグらしき物があったので）。トマトときゅうりは、もうひとりのおばちゃんから。

9時15分、列車が走り出した。駅舎の前を、ゆっくりと通り過ぎる。駅舎の壁はサーモンピンク、窓ガラスの向こうに水色の階段、中央には銀色の銅像が立っている。イーグルたちがいつも見ている景色だ。私は写真を撮った。

ペリメニ（発酵キャベツとにんじん入り。「カプースタ〔キャベツ入りですか〕？」と聞いたら、おばちゃんが頷いた）、大きなペリメニ（ひき肉入りだった。「ミャーサ」とおばちゃんは言っていた。小学生の拳ほどもある、中央にスジの入った揺りかごのようなおもしろい形。どうやって包むのだろう）、ゆでじゃがいも（ディルをまぶしてある）、ハンバーグ（つなぎのパンがたっぷり入っている。塩味がきっちりついたふつうの味。とてもおいしい）、きゅうり（白瓜くらいの太さ）、トマト、ガス入りの水。デザートはパンケーキ（薄甘い。生地の中にぼそぼそした舌触りのものが混じっている。カッテージチーズがたっぷり入っているみたい）。

洗ってとっておいたプラスチックのお皿に料理を盛り合わせ、川原さんと手分けしてテーブルセッティング。糊のきいた真っ白なクロス、ワイングラス（食堂車の女支配人に借りている）の水に西陽が当たり、小さな泡がはじけている。

私たちは向かい合い、流れゆく車窓を眺めながら食べている。ついさっきまでここにいた男たちがいなくなって、部屋が広々と感じる。私の心もぽっかりしている。私はちょっと、イーグルに恋をしてしまったのかも。

川原さんに伝えると、「えー！　高山さんもだったんだ。私はニコライの方なんだよねえ」。

9時半を過ぎてもまだ明るい。笠智衆に似たドイツ人が出てきて、通路から外を眺めている。私たちも出てみると、大きな大きな川沿いをひた走っているのだった。窓一面に横たわる川面には、空の青が映っている。西の方は、茜色。

日暮れどき、蒼が混じった木々の緑は水分を深くたたえている。緑が目にしみるというのは、本当はこういう色のことをいうんだろう。眩しくてしみる方ではなく、目や体に沁み透る方の緑。

しばらく走ると、川沿いの道が見えてきた。上半身裸の男と、両脇に荷物を抱えた太った女が、オートバイのふたり乗りでガタガタ道を走っている。

牛、山羊、犬を散歩させている男。古い教会のような、学校のような、白っぽい建物。

10時過ぎ、日が暮れた草原の道を、白い馬と茶色の馬にまたがった少年がふたり、ぽっくりぽっくり歩いている。その後ろから、赤毛の若馬が3頭ばかり追いかけてくる。1頭はまだ子馬で、スキップしているみたいに、跳ねながらついてくる。

少年たちが進んでいる道の先には、民家があった。あれはきっと、あの子たちの家だ。窓の向こうにオレンジ色の光がちらりと見えた、と思ったら、通り過ぎた。軒下には薪が積んであった。ペーチカで使うんだろうか。

私は2階の寝台によじ登り、日記を書いてから12時半に寝た。

5　ウラン・ウデへ

6月25日（土）晴れ

7時半、トイレで目が覚める。外は薄ぼんやりとした明るさ。ゆうべ私たちが寝てしばらくしたら、男がひとり乗ってきた。それからまたしばらくして、女の人がひとり。男は2階に上がって身支度を整えると、すぐに寝た。私は何の不安もなく、すーっと眠った。

今、こうして日記を書きながらも、隣のベッドに寝ている男が目の端に見える。こちらに寝返ったまま、スヤスヤと健やかな寝息をたてている。栗色の髪をした、20代くらいの若者。金色の胸毛が波打っている（上半身裸で寝ている）。

1メートルしか離れていないベッドで、見ず知らずの誰かが寝ているなんて。4畳半にも満たない小さな部屋に男女が入り交じり、みな気軽な恰好でくつろいでいるなんて。ドミトリーに泊まったことのない私には、とても不思議な光景。でも、ちっとも嫌でない。偶然に集ったお互いのことを心の端っこに置きながら、気ままに過ごすところが、血のつながらない家族のようにも思う。

下の段はロシア人のおばさん。早くから起きて身支度をし、車掌さんと何やら話し込んでいた。11時少し前に笑顔で私たちに手を振り、ペトロフスキー・ザヴォート駅で降りた。

インターネットなどで旅行者の日記を読むと、ロシア人は愛想がないとよく書かれている。でも、私たちがこれまでに出会ったロシア人は、みんな親切だった。話しはじめると、頑丈な造りの顔の後ろから、情のある表情がふーっと現れる。私が知っているロシア語は、スパシーバ（ありがとう）とパジャールスタ（どういたしまして）、ダー（はい）、ニエット（いいえ）。あとはハバロフスク、イルクーツク、ウラジオストクくらいしかないのに、みんな平気な顔をしてロシア語で話しかけてくる。何を言っているのか分からないから、「ジャポン」と私は答える。そうすると、「あーそうかい、日本からやってきたのかね」というように大きく頷く。本当は百合子さんみたいに、「キタイ（支那：百合子さんの文章では中国の意）？」と聞かれたい。そしたら私は、「ヤポンカ（日本人）」と胸を張って答えるのに。

耐熱グラスのカップ（車掌さんに借りたまま）にサモワールで紅茶を作り、11時15分に朝ごはん。プリャーニク（蜂蜜とスパイスが入った、柔らかいビスケットのような甘いお菓子。型押しのロシア文字が描いてある。歴史ある有名なお菓子だそう。川原さんがウラジオストクで買った）、そば粉のパンケーキ（きのう、おばちゃんから買ったのをとっておいた。砂糖を混ぜたカッテージチーズをクルリと巻いてある。しっとりと柔らかく、ほんのり甘い）、カッテージチーズのパンケーキ（きのうの残り。焼けたところのチーズが固まって、ポロポロとひき肉みたいな舌触り。甘酸っぱくて、とてもおいしい）。

私たちが降りるウラン・ウデは、次の停車駅。あと2時間強で着くそうだ。ここからイルクーツク時間に変わり、モスクワとの時差も5時間に縮まるそう。ウラン・ウデは、モンゴル系の民族がたくさん住んでいる街らしい。どんなところだろう。

通路に出て景色を眺める。どこまでも広がる大草原に、茶、白、黒の動物らしきものが群れている。あれは牛だろうか、馬だろうか。

ふと、モンゴルというのはこんなところかもしれないと思う。前に、司馬遼太郎の『街道をゆく』のビデオを見た。モンゴルの遊牧民は草原を掘り起こすことを忌み嫌い、農耕をしなかった。この景色を見ていたら、それがよく分かるような気がする。うっすらと草の生えた大地は、まるで地球の肌みたいだもの。

山の中腹で、木を燃やしているところがあった。作業の人が見えなかったから、「もしかすると、あれは山火事だったかも」と川原さんが言う。

松や杉らしき木が増えてきた。白樺は見当たらない。線路ぎりぎりに、牛と山羊の群れ。どこかの集落に近づいてきているんだろうか。

ぽつりぽつりと家があるところを過ぎると、すぐにまた大草原となった。窓の上の方に水辺があって、豆粒くらいの牛たちが、寝そべったり、水を飲んだりしている。放牧させている人がひとり、ずっと遠くにも、もうひとりいる。さっきの集落から、ここまで歩いてきたのかな。

オノホイ駅を過ぎたあたりから、茶色い地面が目立つようになった。茶色がかった山裾に、数え切れないほどの家々が密集している。木の家だけど、今までとはどことなく違う。トタン屋根(白っぽい)だからだろうか。大きなパラボラアンテナ、スポーツタイプの自転車が停めてある。都会に近づいてきたのだ。

白黒の縞に塗り分けられた、木の棒が立っているだけの踏切りを越えると、ザウジンスキー駅に着いた。あと1時間でウラン・ウデだ。上で寝ている若者は、まだ下りてこない。トイレに行かなくても大丈夫なんだろうか。私は心配になる。

見慣れてくると、大地が乾いているこの感じがだんだん好きになる。草が少なくなったのは、この辺りはあまり雨が降らないからなのかもしれないな。

工場の跡地のようなところを通る。赤や青の文字で描かれた看板。緑色、クリーム色、赤茶色、小豆色。だんだん色が増えてきた。もしかして、モンゴルの首都ウランバートルは、こんなところ?

10時55分、ウラン・ウデに着いた。

通訳のマリーナさんは、ブリヤート・モンゴル人で、ちょっとふっくらした人。文字入りの淡い緑色のTシャツに、水色の麻パンツ、素足にサンダルを履いている。背格好は私たち日本人とほとんど変らず、顔のつくりもとてもよく似ているのに、肌の色が驚くほど白い。サングラスをはずすと、目玉はグリーンがかった金色にも、ブルーがかった金色にも見える。指輪の石のようにきれい。

タクシーでホテルへ。レーニンの頭だけの大きな像がある。ここが有名なソビエト広場。街を歩くときには、ここを目印にするといいとマリーナさんが教えてくれた。ウラン・ウデはブリヤート共和国の首都で、モンゴル行きの鉄道の発着駅でもあるそうだ。マリーナさんが「ウラン・ウデ」と言うとき、口の中にこもったような音が出る。なんともいえない奥行きのある、なまあたたかい水を含んだ音色。フランス人が「ワイン」と言うのにも似ている。

10分ほど街を走って、ホテルに着いた。「ウラン・ウデには近代的なホテルがあるのに、どうしてここ（こんなに古いホテル）にしたんですか？」と、マリーナさんは不思議そうだったけど、私たちは古くて頑丈な建物が好きだから、ひと目でここを気に入った。

大理石の床、矢羽根模様の羽目板張りの廊下。ぐるりと旋回する階段の踊り場はとても広く、黄色い粉が撒きちらされた床にはいつくばって、4、5人の女たちが掃除をしている。

私たちの部屋は328号室。しっかりと厚みのあるドアに、金色に光る真鍮のドアノブ。床は、油を塗り込めたように艶がある。小花模様のカバーがかかった大きなベッドがふたつ、窓からは木々の緑と、広場の向こうに三角屋根の白い建物。モスクみたいな、ドーム型の屋根も見える。

マリーナさんとはロビーで待ち合わせている。

川原さんは洗濯。私はベッドに寝そべって、忘れないうちに日記をつけている。「陸に降りると、時間がアッという間にたってしまう」と、大きな字で書いた。

お昼を食べに出る。ホテルの裏道（ところどころにベンチがあって、遊歩道のようになっている）を通って、大通りに出た。とても暑い。歩いている人が少ない。

テラスで食べられるロシア料理のレストランへ。

私と川原さんは、ニシンとビーツのサラダ、夏のスープ、豚肉の壺焼き、黒パン（三角に切ってある）。マリーナさんは、オームリ（川魚）とじゃがいもの重ね焼きをとる。クワス（麦芽やライ麦を発酵させた微アルコール飲料）もたのんでみる。

ニシンとビーツのサラダの名前を、マリーナさんに日本語で書いてもらった。「セリョードカ（ニシン）・パッド（下に）・シューボイ（毛皮）」。毛皮に包まれたニシンという意味だそう。

出てきたのは、白いマヨネーズがたっぷりかかった上に、ゆで卵の白身を削ったものがふりかけてある。表側は白っぽいのだけど、中から深紅のビーツの細切りと、玉ねぎ、にんじん（たぶん塩でもんでからドレッシングで和えてある）が出てきた。ニシンはいちばん下に隠れている。食べはじめると、ビーツとマヨネーズが合わさり、びっくりするほど鮮やかなピンク色になった。濃厚でとてもおいしい。

夏のスープは、クワスを炭酸で割った冷たいスープに、細かく切ったきゅうり、赤かぶ（ビーツではなく中が白い）、ハム、青ねぎが浮かんでいる。サワークリームものっている。甘酸っぱくて、どことなく冷やし中華を思い出す味（赤かぶがカマボコの色に見えるからだろうか）。ロシア人はみなこれが好き。夏になるとマリーナさんもよく作るんだそう。

クワスはほんのり甘く、黒飴の味に似ている。昔は、黒パンを焼いて発酵させ、どこの家でも自家製を飲んでいたらしい。

豚肉の壺焼きは、豚肉（とても柔らかい）、にんじん、じゃがいも、いんげん、パプリカが蒸し焼きになっている。これはふつうの味。ほんの少しトマトの味もした。

マリーナさんは10歳の娘がいる。大学で日本語と日本文学を教えていて、ガイドの仕事はアルバイトなのだそう。料理も詳しそうなので、発酵キャベツの作り方を聞いてみた。

「キャベツとにんじんを細く切って、ローリエと黒こしょうの粒を加えた塩水をかけ、部屋の中の少し温かいところに一泊させます」。そう言ってから、軽く微笑んで、「ひと晩おきます」と言い直した。

昼食後、「ザバイカル民俗博物館」へ。

乗り合いバスの停留所まで歩く。陽射しが強く、とても暑い。

停留所で待ちながら見上げた空は（見上げるというより、ちょっとあごを上げただけで、大きな空が見渡せる）、青天井に真っ白な雲。ここは、空が近い街だなあ。

道ゆく人たちは、モンゴル系の顔つきの人と、ロシア系が半々くらい。青い空を背景に、看板の色合いがピンク、水色、小豆色と明るいので、ロシア文字なのにモンゴル風の書体に見える。ロシアにどこかの南国が混じったような空気。なんだか、ものすごく遠い国に来た感じがする。私たちの37番の乗り合いバスは、砂埃をかぶって白っぽくなった黒のバン。ところどころ盛り上がったシートの、硬くないところをみつけて座る。運賃を渡したら、前の席の乗客から伝言ゲームみたいにしておつりがまわってきた。フィリピンだったかで乗った、乗り合いタクシーのよう。私は嬉しくなる。

そのうち緑が増え、山も見えてきた。遠くまで続く街路樹は、下半分が白く塗ってある。道路は大きくカーブしながら、ゆるやかな山道を上ってゆく。

乾いた山の色と、白いトタン屋根の家々には見覚えがある。シベリア鉄道の車窓から眺めていたのは、まさにこんな景色だった。いつの間にやら陸に降り、そこに今、自分がいることの不思議。ちょっと目眩《めまい》がする。

「ザバイカル民俗博物館」は、運動場をいくつも集めたような広々としたところに、ぽつんぽつんと昔の家が建っていた。フン族のストーン・サークルを再現した施設もある。大昔、シベリアのここいら一帯は、ロシアというひとつの国ではなく、草原や林の中など好きなところを選んで、さまざまな民族が住んでいたそうだ。

マリーナさんは、今までのガイドさんの中でいちばん日本人の感性に近い人。話すときの目の伏せ方、間のおき方、呼吸の合わせ方もよく似ているし、私たちの話を聞きながら、興味のあるところへくるとフッと微笑む。歴史が苦手な私でも、マリーナさんにだったら、この国の成り立ちをもっともっと聞いてみたくなる。

古い木造の家をいくつも見てまわる。木をくり抜いた飾り窓、焦茶色の民家の窓縁には、黄色や水色のペンキが塗ってある。100年以上昔の建物を再現してあるそうだけど、シベリア鉄道から眺めてきた家々も、ここと同じくらいに古びていた。ロシアの人たちは、古い建物を大切にしながら、先祖代々住み継いできたんだろうな。

窓ガラスに顔を近づければ、中の様子が見える。さっきまでずっと、車窓から眺めるだけだったのに、人々の暮らしぶりを想像しながら、こうして好きなだけ観察することができる。

天井までレンガを積み上げた白いペーチカが見える。オーブンとしても使うけど、とても暖かいので、マリーナさんが子どものころには、風邪をひくとペーチカの上に布団を敷いて、よく寝かされたそうだ。

テーブルも腰かけも、森から木を切ってきてこしらえたような素朴な形。臙脂色の線が入った、きなりのテーブルクロスがかかっている。黒っぽい壺や飴色の水差し、厚手のお皿、鈍く光るサモワール。窓ガラスが二重になっているということは、冬はよっぽど寒いのだろう。

モンゴルの包《パオ》にそっくりな木の家もあった。中央に囲炉裏が切ってあり、粗末な寝台には薄べったい布団が積み重ねてある。布が吊るされた囲みは、衣服を着替える小部屋だろうか。鮮やかな群青の民族衣装が壁にかけてある。バターを作る木の樽は、フランスの博物館で見たのとそっくりな形。茶、グレー、白、黒のグラデーションの織物は、馬の毛を集めて紡いだものだそう。川原さんは、立ったまま家の絵を描いている。私とマリーナさんは、木陰のベンチでひと休み。ここは風がよく通って、スーッと汗がひく。

日陰で見ると、マリーナさんの目玉の中心は琥珀色。縁は、湖みたいにしんとしたエメラルドグリーンだ。豹のような機敏さと静けさをたたえた色に、私はどきっとする。耳の下で切りそろえられた、真っ黒のサラサラな髪。一緒に時間を過ごすうち、マリーナさんの顔がいろいろに見えてくる。さっき、脇道をまわって（近道だけど、ぬかるんでいた）次の家へゆこうとしたら、「こっちから行った方がぶなんです」と案内してくれた。私でさえほとんど使わない、「ぶなん」なんていう日本語を、はるか遠い国に住むひとりの女性の口から聞けるなんて。

この街から鉄道に乗って、モンゴルに行ってみたいような気がする。マリーナさんの通訳で。それで、ウラン・ウデからモンゴルまでの交通を聞いてみた。バスも通っているそうで、夜の8時に出発すれば、朝8時くらいに着く。鉄道だと、24時間かかるのだそう。

「ザバイカル民俗博物館」は広いので、ぜんぶはとてもまわり切れない。川原さんは、シベリア鉄道でお世話になったフランス人の青年（通路で充電をしておいたはずの、カメラのバッテリーがなくなって、夜中にひとりで困っていたら、通りがかった彼が、車掌さんにロシア語で掛け合ってくれたそう）と、偶然の再会を喜び合っていた。

包の野外食堂で、ボーズをひとつずつ食べる。これはモンゴルの蒸し餃子。小麦粉、卵、水で練った生地に、ラムや豚のひき肉と玉ねぎの具を包んで蒸すそうだ。「キャベツを入れる人もいます」と、マリーナさん。

帰りはオンボロタクシーに乗る。私が子どものころに日本でも走っていたような、白くて角ばった形。野球帽をかぶった運転手は、南の島の漁師みたいに陽焼けしたおじいさん。川原さんはスケッチブックを取り出し、後ろ姿の絵を描いている。

ホテルへ戻り、シャワーを浴びる。マリーナさんの忠告通り、途中でお湯が出なくなった。お湯は、バスタブの上のタンクにしか入っていないらしい。

9時を過ぎてもまだまだ明るい。涼しくなってきたので、長袖のカーディガンを羽織り、ふたりで散歩に出た。マリーナさんが書いてくれた地図を頼りに、ホテルの裏道を通って、また大通りへ。

昼間歩いた歩行者天国の通りは、若者や家族連れで、ほどほどに賑わっている。「今日は土曜日だから、人が多く出ているかもしれない」とマリーナさんが教えてくれたのは、このぐらいの混みようを言っていたのだな。

夕食のレストランを探して歩くが、ファストフードの店やイギリス風のパブはあるけれど、ロシア料理の店が見当たらない。ブリヤート料理の小さくて感じがいい店は、夜9時で閉店だった。

惹かれる通りを、歩きたいままにふたりで進む。テレビの『世界ふれあい街歩き』みたいに。角を曲がったら、旧市街らしきところに出た。木造の古い家並み。「ザバイカル民俗博物館」

で見たのとそっくりな家々だ。立ち止まっては眺め、飾り窓の写真を撮った。

通りの向うに、古くて大きな木の門がある。黒っぽい木造二階建ての建物は、学校のようにも、アパートのようにも見える。外階段に腰かけたふたりの男が、こちらを見ている。崩れ落ちそうに古いので、私はおじぎをしてから（お墓の前を通るとき、いつもそうしているように）、門の中へ思い切って足を踏み入れた。

乾いた埃っぽい地面しかない中庭を囲んで、建物がコの字型になっている。軒先に椅子を出し、腰かけている3人のおばあちゃん。いちばん手前の、鮮やかなトルコブルーのプラトークをかぶったおばあちゃんは、この建物と同じくらい年をとっている。皺だらけの、紙みたいに白い、痩せこけた体が凍りついたように固まって、こちらをじっと見ている。建物もおばあちゃんもとても威厳がある。百年も、千年も、万年も生きてきたように思える。私なんかが、ここにいてはいけない。私はカメラを隠し、おじぎをしてすぐに出てきた。

けっきょくレストランはみつからず、10時近くに戻ってきた。お腹はぺこぺこ。ホテルのレストランで夕食をとることにする。

裏口まで届く、賑やかな音楽に吸い込まれるようにして廊下を曲がると、そこがレストランだった。若い男女が10人ばかし集って、食べたり飲んだりしている。開け放された中庭では、テーブルをつなげ、60代くらいの夫婦が10人ばかし、みな白っぽい服を着てビールやワインを飲んでいる。結婚式かなにかで、親族が集っているんだろうか。

若者たちは中庭へ出たり、中に戻ったりしながら、生ギターとドラムに合わせて歌っている。私たちも中庭のテーブルに席をとる。ウエイターの男が、英語のメニューを持ってきてくれた。私は白ビールとロールキャベツ。川原さんも白ビールとビーフカツレツを頼み、分け合う。ロールキャベツ（パプリカ入りのサワークリームでくったりと煮込み、オーブンで焼き色をつけてある）、バターライス（油っこくなくておいしい）、ゆでたブロッコリー、トマト。これらがひと皿に盛り合わせてある。

川原さんのビーフカツレツは、ところどころ塩が固まって、しょっぱかった。私のも川原さんのも、作りおきを温め直したような味。もう遅い時間だから、コックさんは帰ってしまったのかもしれないな。でも、これで十分。ゆっくりゆっくり、残さずにたいらげた。

デザートはブラックベリーのアイスクリーム（店で買ってきたようなふつうの味）、ホット・チョコレート。

夫婦の中に、ジプシー風の痩せた女（この人だけ、ピッタリとした黒いドレスを着ている）がいて、ウォッカの小さなグラスを手に、テーブルのまわりで踊っていた。こういう人のことを、ロマというんだっけ。

トイレへ行くついでにレストランの中を覗くと、若者たちはパソコンのカラオケで歌い、踊っていた。金髪に豹柄の短パンの女の子はロシア人の顔。白シャツの男は、ジプシー風の顔つき。ふたりの頭の上で、ミラーボールが回っている。

ロマのおばさんは、ほかの夫婦たちを誘いはじめた。恥ずかしそうにしながらも、ひとりふたりと立ち上がり、体を揺らしながら8人くらいが中へ入っていった。しばらくすると、おばさんだけまた戻ってきた。靴を脱ぎすて、若い男をつかまえては踊っている。音楽もロマの曲。アコーディオンも、太鼓も、クラリネットらしき音も、蜜が絡まったように情熱的で、うら哀しい。私はこんな音楽がとても好き。よく知っているような、たまらなく懐かしいような。自分がいったい何人だったか分からなくなってくる。体がなくなって、目玉がついただけの壁か何かになって、そこに繰り広げられる情景を味わっている。大好きな絵や、映画、物語の中にもぐり込んでしまったかのよう。

デザートを食べ終わっても、日が暮れるまで、私たちは飽きずにそこにいた。

川原さんが会計を済ませてくれている間、私は片隅のテーブルに腰かけて待っていた。ロマのおばさんはまだ踊っている。民族の血の、濃い匂いがする。

私がよっぽどジロジロと見ていたからだろう、おばさんがこっちにやってきて、間近に顔を寄せ、踊ろうと誘ってくれた。見ていたいだけだったので、手を振って断る。おばさんは目がすわっていた。

部屋に戻って窓辺に立つと、12時を過ぎても外はまだ蒼い空気のまま。

向かいの三角屋根が、オレンジ色の光に照らされている。

もう何年も前に行ったフランスでも、サマータイムだった。ほろ酔いで帰った夜、ノワールムチエ島の小さなホテルの窓から見えていた教会も、こんなだった。

ときおり、放送が聞こえてくる。唸るような低い歌声は、イスラム教のコーランだろうか。またしても、自分がどこにいるのか分からなくなる。

私はとても酔っぱらっている。とても気分がいい。夕方にビール1本と、夕食でもう1本飲んだだけなのに。

6月26日（日）快晴

8時に起きる。

夜中の3時くらいにトイレで目が覚めたとき、吉祥寺の家にいるのかと思った。私はよほど油断して眠っていたのだな。起き上がって5秒くらいして、ようやくここがどこなのか分かった。こんなに熟睡できたのは、旅の間ではじめてのこと。そのあとはまた、いつものようにあまり眠れなかったけれど。

ゆっくり起きてシャワーを浴びる。ロシアのトイレは、水を流すところが金属のボタン式で、ちょっと押したくらいではびくともしない。指をまっすぐに伸ばし、意志を持って押さないと流れない。これはエレベーターのボタンも同じこと。

きのう書くのを忘れていたが、ここのホテルのバスタオルはハッとするような深紅で、なんとなしにモンゴルを思い起こさせる。通訳のマリーナさんによると、ウラン・ウデのウランは「赤い」、ウデは「ウデ川」という意味だそうだから、もしかするとこの国の人たちは、赤い色に特別な想いを持っているのかもしれないな。

川原さんは、朝ごはんを食べにレストランへ降りていった。私は電気のポットでお湯を沸かし、紅茶を飲みながらこの日記を書いている。メモ帳を1枚やぶいて、今日の予定も書き出してみる。

イルクーツク行きの列車が夜の11時47分発なので、そこから逆算すると、10時半にはホテルを出たい。ということは、着替えたり顔を洗ったりする時間を入れて、遅くとも10時には戻ってくるようにしなければ。それまでは自由時間。さて、どこへ行こうか。

川原さんが帰ってきた。朝ごはんを写したカメラを見せてもらう。いろんな種類のハム（牛タンみたいなのもある）やパテ、白いチーズと黄色いチーズ、お粥にそばの実がのったカーシャらしきものも写っている。何の果物か分からないけれど、ジュースもあったそう。私も急に食べたくなる。

慌てて着替え降りてみるが、バイキング料理はほとんどなくなっていた。ウエイトレスが片づけようとしている脇から手を伸ばし、そそくさとお皿に取る。ハム、ソーセージ、豚肉のパテ、きゅうり、トマト、黒パン、コーヒー。

私たちの部屋に続く廊下には、昔のブリヤート・モンゴル人の暮らしを描いた絵が、何枚も飾ってある。着膨れした女たちが、雪深い大地で羊のお乳を絞っている絵。赤ん坊をゆりかご（バスケットのように手提げがついている）に寝かしつけたお母さんは、包の前で羊の毛を紡いでいる。赤や黄色の花が咲くまばゆい草原は、夏の絵だろうか。ラクダを背に、恋人たちが寄り添うように座っている。

自分の部屋を通り越し、廊下のつき当たりまで進む。また戻り、そのまま踊り場に出て、大理石の床や、磨き上げられた羽目板張りの床の上を、足の裏をぴたりとつけてひたひた歩いた。古くて、頑丈で、ここは本当にいいホテルだったなと思いながら。

12時にチェックアウト。ロビーのソファーに腰かけ、今日の予定をマリーナさんに相談する。

「私たちは、あちこち観光をしてまわるのが苦手なので、博物館はどこかひとつでも見られれば十分です。あとは、地元の人が通うような市場を散策してみたい。夕食は、ぜひともブリヤート料理を食べてみたいです」と伝える。

フロントに荷物を預け、いざ出発。

今日もまた空が青いなあ。青の色が、とんでもなく澄んでいるのだ。私はカーディガンを脱ぎ、タンクトップ1枚になった。

きのう歩いた大通りを通って、「ブリヤート歴史博物館」へ。大きな木彫りの扉を開けると、中は心なしかひんやりしている。

階段の踊り場の壁に、ブリヤート共和国の大きな地図があった。きのう聞いたマリーナさんの話と『地球の歩き方』をつなぎ合わせ、ようやく私にもこの国の成り立ちが分かってきた。そうか、ここはロシアではなく、ひとつの独立した国なのだな。

展示室はとても静か。受けつけの女の人がひとりいるだけで、ほかには誰もいない。

土器や石うすなどが、ガラスケースに並んでいる。丸い鉄の塊は鏡みたいなものだろうか。発掘された土器や矢じりは、色も形も日本の博物館にあるのとたいして変らないように見える。前にフランスで見たときにも感心したのだけれど、出土品というのは、世界中どこのでもだいたい同じなのかな。

食べ終えたのを磨き上げたような、羊の骨がある。これは関節の骨だそう。フン族の人たちの占いに使われていたものらしい。現代では子どもたちの遊び道具になっているという。骨を放り投げ、落ちてきたのをつかみとる遊びだそう。

きのう、「ザバイカル民俗博物館」で教わったばかりだから、フン族とかエヴェンキ族など、まだ耳新しい。ブリヤート・モンゴル人（マリーナさんたちの民族）というのは、もともとこの辺りにいたフン族に、ツングースやモンゴル、トルコ系の人たちが掛け合わさって生まれたのだそう。

民族衣装を着た、等身大の人形（頭はてるてる坊主のようにのっぺらぼうで、帽子をかぶっている）が並んでいる。

エヴェンキ族の服は、小豆色の襟の大きなブラウスがワンピースになったような形で、襟ぐりや袖口にテープ刺繡がしてあり、とてもかわいらしい。彼らはフィンランドのサーミ族と同じように、トナカイを捕って暮らしていたそうだ。ビーズのような色鮮やかな玉で、細かく刺繍してあるブーツも、トナカイの毛皮で作ったものだろうか。ゆりかごには、ホテルの廊下の絵にあったような手提げがついている。全体は白樺の木の皮で、赤ちゃんの頭が収まるところだけ革がかぶせられ、手の込んだ細工がしてある。革ひもの先には、赤や黄色の玉や骨、歯茎までついた動物の歯が、房飾りのようにぶら下がっている。魔物がよりつかないよう、おまじないの意味があるらしい。

「大昔のブリヤートの人たちは、あらゆるところに神さまがいると信じていました。山にもいる、川にもいる、石にもいる……というように。今でも田舎の方では、石を積み上げて祈る儀式をしているところがあります。日本人の、タナカカツヒコさんという人の本に、詳しいことが書いてありますよ」

私も川原さんも見たいものだけをじっと観察し、興味のあるところにくると質問する。そうするとマリーナさんは、説明書きのロシア語を読んでくれたり、知っていることをぽつりぽつりと話してくれたり。オルガさん（ハバロフスクの通訳）と違って、頭ごなしに何でもかんでも説明してこない。

青い豪華な衣装の、男女が対になった人形。銀細工の首飾りや赤い玉の首飾りを何重にもつけ、女の方は、白いレース編みの上から、玉飾りのついた青い帽子をかぶっている。

「これは、ブリヤートの人たちの婚礼衣装です。私のひいひいおばあさんが、こんな衣装を着て結婚式をしたのを、子どものころに写真で見たことがあります。この時代は、シルバーは金よりも上。赤珊瑚も、とても上等なものでした」

「きれいな青。こういうののことをコバルト色っていうのかなあ……」

ひとりごとのように私が言うと、「青は、とてもいい色。空の色」と背筋を伸ばし、マリーナさんが言った。歌うようなその声を聞いたら、モンゴルの大草原と、青い大きな空がわーんと広がった。マリーナさんの体には、誇り高き草原の民の血が流れているんだ。

セメイスキエの女たちの衣装は、ピンクや緑、紫色の花柄で、とても鮮やかだ。ロシア女たちがかぶっているプラトークのようなスカートを重ねばきし、キルティングみたいに膨らんだ小豆色の上着を肩にかけている。

「彼女たちは、流浪の民族です。キリスト教宗派の諍いでポーランドに流され、また戻ってきてシベリアに移住しました。ターバンを巻いているのは、髪を見せないため。夫にも見せてはならなかったそうです。今でも、この人たちが集って暮らしている集落がありますよ」

マリーナさんの話は、何を聞いてもおもしろい。ガイドというより、ブリヤート共和国に詳しいお姉さんと一緒に、展示物を眺めているような感じ。

私はこの国の歴史やモンゴルのことを、もっと知りたくなった。帰ったら、図書館で調べてみよう。

外はカンカン照り。うろうろしたくないので、目についたピザ屋に入る。外が見晴らせる2階に席をとった。

窓にはガラスがない。道路の向こうは工事中だけど、遠くの方に山が見える。わずかな緑の乾いた山肌。その裾野に、シベリア鉄道から見えたのと同じ家々が並んでいる。あとは、どこまでもどこまでも真っ青な空と、白い雲。

昼ごはんは、生野菜の盛り合わせ（きゅうり、トマト、パプリカが、広げた鳥の羽のようにきれいにずらして並べてある。塩をふりかけて食べた）、マルゲリータ（ふつうのピザの味。とてもおいしい）。

市街地を歩く。本屋は改装中らしく、あちこちシートがかぶせてあった。工事の音がするけれど、普通に営業している。ウラジオストクでもそうだったから、私たちはちっとも驚かない。この本屋は迷路のように部屋が分かれている。私は料理本がある部屋をじっくりと見てまわり、サラダの本（野菜の切り方や、鳥の羽みたいな並べ方が詳しく載っている）と、ピンクや小豆色のロシアっぽい色合わせの鉛筆（消しゴムまで色がついている）を買った。

水筒の水を飲み飲み、炎天下を歩く。

市場の入り口のところで、木の樽に空のペットボトルをいっぱいぶら下げた車を発見。クワスだ！

道の中ほどまで、老若男女が列を作っている。紙コップに注いでもらったのを、立ったまま飲んでいるおじさんもいる。

樽の前に座り込んだ店番のおばさんは、クワスの看板と同じ色の赤いエプロンとキャップをかぶっている。樽についた蛇口をひねると、水道みたいにクワスが出てくる仕組み。プラスチックのビーカーに汲んでから、コップやペットボトルに注いでいる。

私たちも並んで買う。薄甘く、ぼんやりした味で、おいしくもまずくもない。

川原さんがスケッチをしている間、私は目の前にある売店のショーウインドウを眺めまわす。鉛筆の箱や小さな人形、小学校で使うような帳面。いくら見ても見飽きることがない。お祭りの夜店で売っているような、子ども用のプラスチックの首飾りをお土産に買った。

売店の向こうには、ブリキの屋根と、鉄の柱があるだけの外の市場があった。

女たちは飾り気のない服装で、髪をひとつに結わえたり、プラトークをかぶったり。無表情のまま、泥のついたじゃがいもをひっくり返したりしている。

スイカは日本のと同じくらいの大きさなのだけど、緑のところが黄色がかっている。ピンと漲《みなぎ》った赤いトマト、みずみずしいパプリカ、太いきゅうり、キャベツ、ラディッシュ、葉っぱつきのにんじん。どれも新鮮そうだけど、ペンキの剝げかかった台の上はずいぶんと隙間があり、野菜の種類もあまり多くない。なんとなしにうら淋しいような市場だ。

野菜売り場のすぐ脇は、下着屋さん。私はロシア女の大きなズロースを買った。Tシャツみたいな生地の、ピンクと水色の小花模様。ゴムがゆるくて楽そうだから、東京に帰ったらパジャマにでもしようと思って。

旧市街を通り、川沿いの道を並んで歩く。『世界ふれあい街歩き』みたいに。草の生えた土手には、家族連れが思い思いの恰好で座り、ぼんやり川を眺めている。ビキニや海水パンツの背中も見える。私たちも下を歩いてみたいと伝えると、マリーナさんは顔をしかめた。「川べりはゴミが投げ捨ててあって不衛生です。私はあまり感心しません」。

マリーナさんは、お行儀の悪いことが好きではないみたい。街角のATMでお金を下ろし、売店でアイスクリーム。ベンチに腰かけて食べる。マリーナさんは食べない。とても暑いのだけど、マリーナさんは帽子をかぶっていない。街ゆく人たちも、みなかぶってはいない。そういえば、ウラジオストクでもハバロフスクでもそうだった。ロシアの人たちはいくらピーカンの天気でも、帽子をかぶらないのだろうか。

「帽子をかぶらなくて、陽焼けしませんか？」と川原さんが聞くと、「しますねえ。でも……冬の間はみな、毎日帽子をかぶっていますから。夏は、かぶりませんね」。

この辺りは、真冬はマイナス30度、夏場は34度くらいまで上がることもあるのだそう。今はみな、ロシアの人たちは短い夏を楽しんでいるのだ。陽焼けしたってかまわないのだ。

車の近くを通ったら、「ヒューイ！」と鳴った。これは、ウラジオストクでもさんざん聞いた指笛のような音。マリーナさんに尋ねたら、車の盗難防止アラームなのだそう。それでようやく謎が解けた。私はウラジオストクからこっち、不良がナンパするために鳴らしているのだとばかり思い込んでいた。

室内の市場に入る。入ってすぐにカメラを向けたら、売り場のおばさんが手を上げ、「撮るな」の合図。すかさず「それはおかしいわ。どうしてそういうことになるのかしら」と、マリーナさんは胸を張り、サングラスをはずしながら腰に手を当てた。

コンビニのような店にも入る。米や麦、パスタやマカロニ、いろいろな粉類がある。

そばの実を買おうかどうしようか迷っていると、お客さん（中国の山岳民族のような顔つきの若者）が寄ってきて、私たちを観察している。何か伝えたいようなのだけど、マリーナさんにも言葉が通じない。しばらくすると、お店の女の子を連れてやってきた。私のリュックのポケットに差した折りたたみ傘について、「こんなところに入れておいたら、盗まれますよ」と注意しているのだそう。傘を携帯電話だと勘違いし、わざわざ教えてくれたのだった。

郊外にあるブリヤート料理のレストランへ。

緑の多いなだらかなカーブの坂道を、タクシーでひた走る。下半分が白く塗られた街路樹。ここは見覚えがある。きのう「ザバイカル民俗博物館」へ行った道と同じところを走っているような気がする。

5時半着。レストランは、包をかたどった大きな建物。お客さんが誰もいない。夕食の時間には早すぎるのだろうか。部屋の中が真っ暗なので、モンゴル風の民族衣装を着た女の子が、あちこちまわって間接照明をつけてくれた。

ビーツとこけもものサラダ（サワークリームを混ぜたような、白っぽいマヨネーズがかかっている）、サラマート（見た目はマッシュポテトのようだけど、もっとねっちりしている。コクがあって、酸味もほどよくあり、チーズが入っているみたいにおいしい）、モンゴルうどん（塩味のやさしい味がするスープに、手打ちの平麺。羊肉がのっている）、フシュール（肉入りの揚げパイ）、ボーズ（ショーロンポーみたいに、羊の肉汁がたっぷり包まれている）、ブリヤート料理の盛り合わせ（ゆでた骨つき羊肉〔塩味、生の玉ねぎがのっている〕、羊のゆで汁のスープ、ゆで餃子、揚げ餃子、フライドポテト、トマト、きゅうりのピクルス、にんじん入り発酵キャベツ）、アエラック（牛の乳で作ったお酒。にごり酒みたいに泡立っている）。

料理が出てくるたびに、ぶれないよう気をつけながらカメラを向けるのだけど、部屋が暗すぎて、何度撮ってもちゃんと写らない。フラッシュを焚いてもだめ。川原さんが撮ってくれているので、私はあきらめる。

サラマートは、小麦粉をバターで練って作るのだそう。とても栄養があるので、病気のときに作ったり、離乳食にもする。なめらかに作るのには時間がかかるし、むずかしいらしい。じんわりした粉の味が大好きな川原さんは、とても気に入っていた。

マリーナさんは子どものころ、おばあさんといっしょに包で暮らしていて、よくバターを作らされた思い出があるという。「ザバイカル民俗博物館」で見た、細長い木の筒のような樽で。

アエラックは酸味があり、獣の匂いがほんのりして、飲み切れない。アルコール度もかなり高いみたい。

9時を過ぎても、外はまだ4時ぐらいの明るさ。サマータイムのこの感じ、私は慣れてきたような、そうでもないような。

中庭に出ると、干涸びたような枝に濃いピンクの花が咲いていた。その脇に、中国の仙人みたいな白い大きな像が立っている。ふいに私は、どこにいるのだっけ……と思う。

タクシーに乗って、ホテルに帰り着く。

トランクルームで荷物を受取り、川原さんとふたり揃ってトイレへ。腕や顔、脇の下まで洗ってさっぱりする。シベリア鉄道に乗ったらあとは寝るだけなので、部屋着のような恰好に着替えた。

10時半にホテルを出発し、タクシーで駅へ。

11時15分、乗車。

はじめての3等寝台車。乗り込んでみて分かったのだけど、この車両はかなり古い。機械油がこびりついたような、古い映画館のような匂いがする。窓枠や座席の塗料も剝げ、裸の金属があちらこちらでのぞいている。窓ガラスは傷だらけ。もう何年も磨いてないように見える。ウラジオストクから郊外の市場まで乗った鈍行列車も、こんなふうだった。

今までのシベリア鉄道は、新しく清潔で、とても居心地がよかった。でも、『犬が星見た』を読みながら私が思い描いていたのは、どちらかというとこんな列車だ。真冬の極寒や、苦しい戦争をくぐり抜けてきた、いかにも頑丈な鉄道という感じがする。

マリーナさんも一緒に乗り込み、座席まで案内してくれた。昇降口で作業をしている金髪の女の子にも、私たちのことをお願いしてくださる。私服を着ているけれど、この人が車掌さんらしい。にこやかで感じのいい娘なので、ホッとする。

発車まではまだ時間があるけれど、マリーナさんとはここでお別れ。娘さんをお母さんに預けていると聞いていたので、少しでも早く帰ってほしくて。

私たちの席は、向かい合わせの下段のベッド。飾り気のない粗末なつくりなので、ベッドというよりは、寝台の方がぴったりくる。上の寝台に転がしてある、体操マットをぐるぐる巻きにしたようなのが敷き布団だろうか。青と白のストライプ。重たくて、硬くて、なんとなしに湿っている。

これまでずっと個室だったから、ためしに3等車を予約してみたのだけど、ここは通路を挟んだ両側に、そっけなく寝台が並んでいるだけ。カーテンもついてないんだな。

白いずだ袋を両手に抱えた、しかめっ面の車掌さん（制服を着ている。マリーナさんが声を掛けた車掌さんとは違う娘なのかな？）が、通路を行ったり来たりしている。私たちのところにもまわってきて、寝台の上にドンッ！　と乱暴に置いた。中には布団と同じストライプのシーツが入っている。洗濯はされているけれど、ずいぶん使い古されたものみたい。

車掌さんが手の平を突き出している。シーツ代を請求しているらしい。「シーツ代は無料だと思います」とマリーナさんから聞いていた私は、疑り深い顔をしてみせる。しかし、まったく効き目がなく、ロシア語でまくしたてられた。いくらなのか分からないので、財布から小銭をとり出して手の平にのせると、必要な分だけつまみ上げ、ポケットにすべり込ませた。

シーツを敷き終ったころ、高校生くらいの息子と母親が乗ってきて、私たちの寝台の上に、当然のように座った。

ペチャクチャと母親が話しかけると、息子は「ダー（うん）」とだけ答え、携帯電話をいつまでもいじっている。母親の声は、なんとなしにヒステリックな感じがする。教育ママだろうか。

11時47分、ウラン・ウデ駅を出発。

列車が走りはじめてしばらくしたら、ドブ川のような臭いがした。

通路の向こう側の太ったおばさんは、暗い窓の外をぼんやり見ている。母親は、川原さんの上の寝台によじ上った。私の上段では、息子が上半身裸になって着替えている。

3等車は、地元の人たちとの交流が楽しいかもしれないと期待していたのだけど、みな私たちのことなど見向きもせずに、寝仕度をしている。お茶を飲んでくつろいでいる人もいない。

そしてやっぱり、この車掌さんはマリーナさんが声をかけた人だ。川原さんに聞いてみて、そのことがはっきりした。にこりともせずに通路を歩いている様子は、看守のよう。そういえば布団もシーツも、囚人服みたい。

窓からすきま風が入ってくるので、ジャケットを着て、首にストールを巻いて寝る。

6　リストヴャンカ村へ

6月27日（月）曇り

ゆうべは、寝苦しくてほとんど眠れなかった。

夜中にトイレに立ったとき、通路の方を覗いたら、寝台から飛び出した足が奥まで続いていた。ずらりと横たわっている人間の体は、なんだか野戦病院みたい。暗闇のなか、ギシギシ揺れながら走り続ける列車は、移動するだけの鉄の箱みたいでもあった。

背中が痛いし、のどがイガイガする。私は風邪をひいたのかも。きのうは炎天下をあちこち歩きまわって、とてもくたびれた。列車の時間までまる半日あったから仕方がないのだけど、ずっと外にいなくたって、駅の待ち合い室でゆっくりしてもよかったのだ。

朝、5時半くらいに、「高山さん、バイカル湖が見えるよ」と川原さんが起こしてくれた。

車内はまだ寝静まっていて暗いのだけど、窓だけがぼんやりと青く、水面がさざなみ立っているのが見えた。水辺の際ぎりぎりを走っていたのかな。私は起き上がれずに、またすぐに横になってしまったので、半分は夢のよう。薄目を開けて隣を見ると、川原さんはうっとりと窓を眺めていた。しばらくしてまた目を開けると、スケッチブックに絵を描いていた。

窓の外は、ゆうべひと晩中雨が降っていたみたいな淋しい景色。土は黒っぽく、家々の畑の脇に積まれた薪が濡れて、赤くなっている。壊れかけた家や、建築中のような家がたくさんある。景色を眺めていても、あまりきれいに見えないのは、窓が汚れているせいなのかな。それとも私の頭がぼんやりしているせいだろうか。

私はまたシーツをかぶり、駅に着くぎりぎりまで寝る。

7時56分、ほぼ予定通りにイルクーツク駅着。

ホームに降りてしばらくしたら、息をはずませて通訳さんが走ってきた。ハイキングに出かけるようなスポーティーな恰好をした、30代くらいの女の子。

それほど待っていたわけでもないのに、「遅れてしまって、ごめんなさい！」と、申しわけなさそうに何度も言う。列車の窓から日本人らしき顔が見えたので私たちだと思い込み、韓国人のツーリストを出迎えてしまったとのこと。

名前はタチアナ。額の汗をぬぐいながら、「ターニャと呼んでください！」。笑顔のままスーツケースをつかみ取り、人混みの中、私たちの先をずんずん歩いていった。

待ち合い室でタクシーを待っている間、私は喋るのもやっと。体が重く、咳も出てきた。ターニャの快活な声が頭に響くので、川原さんがすべて受け答えをしてくれる。私はベンチに腰かけ、荷物の番をしていた。

タクシーの中で横になる。

気がついたら、山の中を走っている。

9時半、バイカル湖畔のリストヴャンカ村に到着。

私たちのホテルは、湖に沿った大通りから、少し奥まったところにあった。

斜面に建てられた、三角屋根の木造りのホテル。自然のままの庭は、白や黄色の草花に囲まれている。

女主人はタチアナさん。私たちよりひとまわり年上の、とてもきれいな人。英語も話せる。同じ名前なので、通訳さんの方はターニャと呼ぶことにする。

川原さんが、私の具合がよくないことを英語で伝えてくれる。タチアナさんは「お茶をいれてきましょうね」と言って、上の階へ上がっていった。

私は着のみ着のまま、ベッドにもぐり込む。

しばらくして、ターニャが紅茶とお菓子を持ってきてくれる。チョコが挟まったマシュマロと、レモンクリームパフ。ひと昔前に流行ったような甘い甘いお菓子を、風邪薬を飲むために食べ、またベッドにもぐった。

夢をみた。

ここはタチアナさんのホテルなのだけど、日本の古い民家。私たちのような旅行者は、家族の部屋を間借りする仕組みになっている。私が寝ているベッドは、今は学校に行っていていないけど、小さい男の子のものらしい。隣の部屋で、女の子が宿題をしているのが見える。

おむすびの小さいのをふたつ、川原さんがお皿にのせて戻ってきた。食堂でお昼を食べていたら、残ったご飯でタチアナさんがにぎってくれたのだそう。おむすびは、ふんわりにぎってあった。筍のような山の植物が炊き込まれた、薄いしょうゆ味のご飯で、とてもやさしい味。

「ここはあたたかいところだから、信頼していいですよ」と、私の中にいる誰かが教えてくれたような夢だった。

目が覚めたら、サイドテーブルに川原さんの置き手紙があった。

「高山さんへ　ターニャに周辺のお店をおしえてもらいにいきます。1時45分にここを出発して、私たちはタクシーで昼食にいきます。一度もどってきます」

川原さんの日本語は、なんだか英語が混ざっているみたい。慌てて書いたのかな？　ところどころボールペンで消したあともある。

お昼は、リストヴァンカの家庭にお邪魔して、手作りの料理をご馳走してもらうことになっている。12時の約束だったのだけど、できるだけ遅らせてもらえるよう、ターニャがとりついでくれた。

ここは本当に静か。森の中にぽつんと建っている山小屋みたい。壁も、ベッドも、シャワールームも、ぜんぶ白木でできていて、掃除がゆき届いている。

トイレに立ったら、頭のまわりがぼんやりして、足の裏がふわふわする。微熱もあるみたいだけれど、今は、とにかく眠ろう。


まだ頭がぼんやりするけど、がんばって起きた。顔を洗ってゆっくり支度する。カメラ、日記帳、ペン、忘れ物はないか2度確かめた。

1時45分、ターニャ、川原さんとタクシーに乗って出発。

「リストヴャンカの家庭を訪問し、手作りの料理をホストファミリーと一緒に楽しむ」というツアーは、旅行会社のパンフレットでみつけた。きっと、料理上手な太ったお母さんが作ってくれるんだろうな。ロシア料理といえば、やっぱりボルシチだろうか。どんなお宅だろう。

バイカル湖畔の通りをひた走る。川原さんは私が寝ている間、ターニャと一緒にこの道を歩いたそうだ。買い物をするならここ、レストランはここがお薦めなどと教えてくれる。いかにも古そうな木造りの家が、ぽつりぽつりと建っている。バイカル湖は果てが見えないので、湖というより海のようだ。

ゆっくり右にカーブして、なだらかな坂道を上ると、すぐに緑の中からレンガ色のかわいらしい建物が見えてきた。白い木枠の窓、草花におおわれた丘。同じような3階建ての棟がいくつか並んでいるから、アパートだと分かる。タクシーはそこで停まった。

ノックをする前にドアが開き、眼鏡をかけた赤毛の娘が出てきた。30代くらいだろうか、背格好は私たちと変わらず、黒Tシャツにグレーのパンツ姿。昔なじみの友だちに会ったみたいに、ターニャと挨拶を交わしている。私たちのことも同じ笑顔で迎えてくださった。約束より2時間も遅れてしまい、迷惑をかけてないだろうかという私の心配は、一気に吹き飛んだ。

香ばしい匂いが玄関まで漂ってくる。入ってすぐに廊下があり、その脇がキッチン。奥の応接間には、3人分の食卓が窓辺に仕度されている。きちんと整えられているけれど、かしこまった感じではない。

そういえばレストランやホテルのお皿は、白くてそっけないものばかりだった。日本にも似たようなのがあるから、今はどこの国でもああいうシンプルなのが流行りなのかとあきらめていた。ここのは、昔ながらのロシアの食器ばかり。お客さんを招いたときに何度も活躍してきた器という感じがする。

格子柄クロスの上には、青と金の縁飾りがついた鉢に、きゅうり、トマト、パプリカの鮮やかなサラダ。ウォッカの瓶とミネラルウォーターのペットボトルが窓際に並べられ、クリームが2種類、生クリームの八分立てくらいにぽってりしたのと、ヨーグルトくらいのが用意されている。これはスメタナ（サワークリーム）だろうか。カゴに盛られた黒パンは、三角に切り込みを入れたのが積み重ねてある。

あめ色の食器棚にしまってあるのは、家族から受けつがれたお客さん用の器なのかな。たいそう古そうなワイングラスが並んでいる。絨毯も、織り込み模様のソファーも、もう何十年も前からそこにあったみたいに使い込まれている。なんだか、日本の洋館みたいに懐かしい。

もっともっと、あちこち見ていたいのだけど、キッチンの様子が気になって仕方ない。ターニャにせがんで、「料理をしているところを見せてもらえませんか？」と聞きにいってもらった。

「もちろんいいですよ」。カメラと日記帳を手に、川原さんと押しかける。

空色のTシャツにジーンズ姿の女の子が、ケーキのようなものを切り分けている。大きな天板いっぱいに四角く焼かれた、バターがたっぷり入っていそうな焼き菓子だ。と思ったら、魚のピロシキなのだそう。「リーブニイ・ピロッグ」というらしい。ピロシキといったら、手の平にのるようなものばかりだと思い込んでいたのだけど、大きい版のことをピロッグと呼ぶんだそう。ターニャが得意そうに教えてくれる。

どっしりと厚みのある切り口は、バターケーキのようにも見える。生地の間に、みじん切りの玉ねぎと薄桃色のサーモンがたっぷり挟まれている。甘いような、かすかに酸味があるような、たまらなくおいしそうな匂い。

コンロでは、白い寸胴鍋にスープが煮込まれ（お玉の柄のところにテープを巻いて、修繕してある）、ベリーのジャムを包み込んだピロシキが、オーブンで焼かれている。これはデザートだそう。私たちが着いてから焼きはじめたらしく、生地はまだ白っぽく、天板に20個ばかりぎっしり並んでいる。

レンジ脇の鍋に、失敗したらしいピロシキがよけてある。発酵の途中で合わせ目がはがれ、中のジャムがはみ出してしまったのかな。ジャムは木いちごかスグリみたいなものだろうか。紫がかった赤で、いちごよりは小さい実みたい。私がじっと見ていたら、女の子は恥ずかしそうに笑った。

彼女はナースチャ。出迎えてくれたのはお姉さんのワシリーナ。こんなふうに自宅で旅行者に料理をふるまうのはアルバイトで、ふだんはお土産物屋さんで働いていると、肩にクロスをひっかけたワシリーナが、洗いものをしたりお皿を揃えたりしながら教えてくれた。外交的で明るい姉と、ちょっと内気で料理上手な妹のコンビは、それぞれホール係とコックさんにぴったりな役まわりだ。

4畳半ほどのキッチンには、出窓からやわらかい光が差し込んでいる。青い水玉模様のガーゼみたいなカーテンのこちら側で、アロエに似た植物が伸び放題。植木鉢がわりのクリーム色のホウロウ鍋は、見覚えがある。シベリア鉄道の駅で、近所のおばちゃんたちがじゃがいものバター煮を入れていたのと同じ鍋だ。

窓辺に積み重ねられた小さなお皿、ふた付きの壺、金属のお盆、むぞうさに置かれた麻のクロス。天井に近い棚には、砂糖や粉類の大ガラス瓶、銀色のサモワールもある。ホウロウの大鍋や、うらごし器みたいな木の粉ふるいも壁にかかっている。

ここにあるすべての道具が、使っては洗われ、もとの位置に戻されているのが分かる。散らかってもいないし、片づけられすぎてもいない、清潔でつつましいキッチン。いきいきと空気が動いている。私も川原さんもいっぺんで気に入った。

バラ模様のテーブルクロスの上で、ナースチャが魚に塩（サラサラしているのを指でつまんで）をふりかけている。オームリという、バイカル湖で獲れる名産の魚だそう。すでに頭の方まで切り込みが入れられ、お腹も出され、日本の干物のようにすっかり開いてある。お腹の中まで塩をふりかけ、コショウをふって、もとの魚の形に戻した。

こんどは、オームリがのっているのと同じスープ皿（クロスステッチみたいな柄がまわりについた、いかにも古そうなもの）に小麦粉を入れている。この粉は日本のものよりキメが細かい。薄力粉じゃなくて、強力粉に近いのかな。私は日記帳にどんどんメモしてゆく。

ナースチャは、5匹のオームリにまんべんなく粉をまぶした。レンジの鉄鍋では、ひまわりオイルがたっぷり熱せられている。オームリの余分な粉をはたいて3匹並べたとたん、ジューッ！といい音がした。

そこまで見届けたところで、私たちは応接間へ。サラダと魚のピロシキをいただく。

サラダの名前は「夏のサラダ」。野菜は新鮮で味が濃く、あっさりとした味つけでいくらでも食べられる。半月切りのきゅうり（日本のより少し太め、味も食感もズッキーニときゅうりが合わさったような感じ）、きゅうりと同じくらいに四角く切ったパプリカ、薄切りの玉ねぎ、くし形切りのトマト。野菜に塩をまぶしてから、ひまわりオイルとビネガーを全体にからませるのだそう。ディルと細ねぎは、野菜が隠れるくらいにたっぷりふりかけてある。

魚のピロシキは、生地の部分にほんのり甘味があり、サーモンの塩気と合わさって絶妙なおいしさだ。どこかの国にフィッシュケーキというのがあったような気がするけど、まさにそんな感じ。表面がひび割れているのは、生地にクリームチーズかサワークリームが入っているのかな。日本に帰ったら、ぜひとも作ってみたい。

作り方を教わりたいとターニャに伝えると、キッチンへ飛んでいった。

キャベツと玉ねぎを炒めてサーモンを加えたら、サワークリームで味をまとめ、スタッフィング(具)を作るのだそう。

「生地には何が入ってるのかな?」

「ごめんなさい、皮(生地のこと)は、キギョーヒミツだそうです」

ターニャは、こらえきれないといった様子で笑いながら続ける。「こんなに料理が上手でしたら、さぞかしボーイフレンドが喜ぶでしょうと私がほめました。するとナースチャは、『恋人はいません。男の人は料理だけでなくほかのこともほしがるから……』と、顔を赤くして笑いました」。

ワシリーナが「シチー」を運んできた。玉ねぎ、にんじん、キャベツ、牛肉が煮込まれたスープ。牛肉や牛骨でじっくりとったフォン(だし汁)に野菜類を入れて煮込み、取り出した牛肉もあとから小さく切って加えるんだそう。ここにも刻んだディルと細ねぎが散らしてある。

スープはほとんど透明だけど、器のぐるりにだいだい色の油の輪っかが浮いている。でも、ちっとも油っぽくない。だいだい色なのは、パプリカのせいだろうか、それともトマトが入っているのかな。奥行きのあるおだやかな味で、少し酸味がある。発酵キャベツが入っているんだろうか。体中に染み渡るおいしさ。「うーん」と唸りながら、川原さんはひとさじひとさじ大切に味わっている。途中から私は、スメタナを溶かし込んで食べた。うーん、フクースナ（おいしい）！

スープを飲み終えたころ、ナースチャがオームリの皿を運んできた。見たこともないような飾り模様（波々になっている）のマッシュポテトが添えられている。オームリのムニエルが上にあるから、マッシュポテトの海で泳いでいるみたい（海ではなくバイカル湖だというのは、帰ってから気づいたこと）。私はこのやり方を、どうしても教わって帰りたい。

ナースチャが、マッシュポテトを盛った小皿とマグカップにスプーンを差したのを手に、恥ずかしそうに戻ってきた。まず、カップのぬるま湯でスプーンを湿らし、準備する。こんもりとしたマッシュポテトの山にスプーンのへこみを当て、お皿をまわしながら、裾野を広げるように、波々模様をつけてゆく。

私もスプーンを握りしめ、その手つきを真似しようとするのだけど、ちっともうまくゆかない。ナースチャは習字の先生みたいに手を添えて教えてくれる。それでもまだ、難しい。スプーンをお皿と直角に構え、ぎりぎりまでねかせるのが大事みたい。ひとりで何度かやってみる。だんだんコツがつかめてきた。

　川原さんは私たちの様子をカメラの動画モードで撮影してくれた。せっかくの料理が冷めてしまうので、あとは東京に帰ってから、ゆっくり自主練習することにする。

　オームリは小骨まできれいに取ってあった。身がホワッとやわらかく、繊細な味がする。虹鱒と鮎を合わせたような感じ。マッシュポテトはなめらかで、レストランみたいにクリーミー。ディルと細ねぎは、オームリとマッシュポテトの境い目だけに控えめにふってある。東京に帰ったら、これも真似しよう。

『犬が星見た』には、「うらごしじゃがいも」というのが何度か登場していた。百合子さんは、「マッシュポテト」よりも「うらごしじゃがいも」の方がおいしそうな響きだと思いながら書いたのかもしれないな。

　お腹がいっぱいで、ジャムのピロシキはターニャと半分ずつ食べた。サックリしているけど、ちょっと日本のジャムパンに似た懐かしい味わい。生地は小麦粉に砂糖、卵、イースト、水とミルクを半々で合わせて練り、発酵させるのだそう。

　イヴァンチャイというハーブティーもいただく。ふつうの紅茶にサダン・ダリャー（ヤナギランの葉）というシベリアのハーブで酸味と香りをつけているとのこと。そういえばほんのりとした酸味を感じる。私はティーポットに浮かんでいる小さな葉を取り出し、匂いを嗅いでから日記帳に挟んだ。ミルクも加えて飲んでみる。

お茶を飲みながらお喋りしていて分かったのだけど、ターニャには5歳の息子がいるそうだ。「かわいい?」と聞くと、急にお母さんの表情になった。かわいくてたまらないという顔をして、「ブロンドで……」と言ったきり、カバンから携帯電話を出してきて、写真を見せてくれる。「私も、家族のためによく料理をします。私の旦那さんも、料理が上手ですから、よく作ってくれます。でも、食器を洗わないので、キッチンがめちゃくちゃになりますねえ、困りますねえ」と嬉しそうに笑った。

シベリア鉄道のホームに迎えにきてくれたとき、ターニャは芯から真面目な顔をして走ってきた。息をはずませやってきて、「遅れてごめんなさい」と何度も謝った。ちょっと慌てん坊だけど、親切な気持ちをたくさん持った、家族思いの正直ないい娘なのだ。

帰り際にトイレを借りた。壁にはベンガラ色というのかな、あたたかな色合いのペンキが、チョコレートケーキのクリームみたいにこってりと塗ってあった。手作りの棚には、色とりどりの石鹼が積み重ねられ、リノリウムの床も、傍らにあるオレンジ色のベンチもいかにも使い込まれ、掃除がゆき届いている。カメラを持って入らなかったので、私は頭をぐるぐるまわし、すべてを目に焼きつけてから出た。

帰りもまたタクシー。走り出した窓から、ふたりが暮らしているアパートの写真を撮る。

部屋に戻り、またベッドにもぐる。

雨が降ってきた。

私はゆっくりと、じんわりと元気になってきている。鈍い足取りだけど、確実に。

姉妹の家は、本当に心地よかった。飾らない生活の場にお客さんを招くこと、いっしんにおいしい料理を作ること。料理や家って、人の体を浄化する力があるんだな。

川原さんと相談し、今日は夕食には出ないことにする。お腹が空いたらお土産のサラダも、魚のピロシキも、ジャムのピロシキもたくさんある。

窓の外では、しょぼしょぼびしょびしょと、静かな雨が降りそそいでいる。

ときおりチョピーチョピーチョと澄みきった鳥の声がするくらいで、あとは雨の音だけ。木の葉が揺れ、葉裏の色が見えるのは、風が少しあるせい。濃い色の雲のようなのが、下の方にたれこめている。曇り空の続きみたいに見えるけど、あれがバイカル湖だろう。

6月28日（火）晴れたり曇ったり

9時15分に目がさめた。ゆうべは咳が出て、隣のベッドの川原さんはうるさかったんじゃないだろうか。

川「えー、ぜんぜん気にならなかった。すごくよく眠れたよ」

きのうは姉妹の家から帰って、そのあと夜中の12時ころまで、川原さんとベッドの中でいろいろな話をした。お土産にもらったウォッカをちびちび飲みながら。その間ずっと、静かな雨が降り続いていた。

川原さんのおじさんは昔、シベリアに抑留されていたことがある。前に、東京で見せてもらったロシア風の木彫りのスプーンは、おじさんが捕虜時代に作ったものだそうだ。

そんな話をしているうちに、私たちはふたりとも、イルクーツクまでのシベリア鉄道の中で、日本人捕虜が連行された車両を連想していたことが分かった。私はずっと眠れなかったけど、川原さんは重苦しい空気を吸いたくなくて、毛布をかぶってすぐに寝入ってしまったらしい。

話はずんずん転がり、お互いの子どものころのこと、20代のころのこと、仕事の話などもした。川原さんの身の上話を聞けば聞くほど、逆に私の輪郭が浮きぼりになる。今まで忘れていた細かなことまで思い出し、こり固まっていた小さな自分を、湖の底に潜っていってすくい上げたような、そんな夜だった。東京でもしょっちゅう会っているし、腹を割って話し合える心からの友人で、とても気が合うのだけど。私たちはよく似ているところと、まったく似ていないところがある。

さて、今朝は気持ちも体もずいぶんしゃんとして、受け入れ態勢ができてきたように思う。今日はターニャには休んでもらったので、通訳さんなしのふたりだけでまる一日を過ごす予定。痰《たん》も上ってきている。あとはそれを体の外に出せばいいだけだ。川原さんに、「顔がスッキリしたね」と言われる。

上の階の食堂へ。朝食はセルフサービスではなく、それぞれのテーブルにセットされていた。

私たちが腰かけると、「コーヒーか紅茶、どちらにしますか?」とタチアナさんが尋ねにきて、熱いのをサーブしてくださる。ハムもジャムもバターも、薄く切ったのをきれいに並べたチーズもとてもおいしく、上質なものだと分かる。心のこもった清潔な朝ごはんだ。

スタッフはいろんな顔立ちの娘(ロシア系、中国系、ギリシャ系)が3人、厨房の中で立ち働きながら、何か足りないものはないかとこちらをうかがっている。愛想笑いではなく、心からの笑顔で。どうしてそれが分かるかというと、チラッと見て笑うのではなく、ちゃんと目を合わせ、ゆっくり時間をかけて笑うから。ロシア系の娘だけあまり笑わないけれど、きっとシャイなんだろうなというのが伝わってくる。

部屋に戻り、カーディガンの上にパーカー、ウインドブレイカーを重ね着して庭に出る。陽はうっすらと差しているのだけど、空気が冷たい。

ぐるぐると位置を変えながら、四方八方の山の景色の写真を撮ったり、私たちの山小屋風ホテル(斜面に建っている)を撮ったり。雑草に混じって生えている、白い小さな花が集っているのはディルだろうか。ここに着いたときからずっと気になっていたので確かめる。フェンネルのような気もするし、北海道の友人のところで見たノラニンジンに似ているような気もする。

門を出て、歩いているうちに晴れてきた。なだらかな坂道の途中で、三角屋根のついた古い井戸をみつける。丸太を削った心棒に、ごっつい鎖が巻きつけられ、鎖の先には使い込まれたブリキのバケツが吊るされている。心棒とハンドルをつなぐ、楔のような釘の頑丈そうなこと。

夫が喜びそうなので写真を撮っていたら、若者がやってきた。煙草をふかしながらハンドルを大きく回してバケツを下ろしている。汲み上げた水は、『フランダースの犬』のミルク缶のようなのに、ザバーッと勢いよくあけた。

小さな畑のある民家の脇で川原さんが立ち止まり、絵を描きはじめた。くすんだ水色の板壁に、小豆色の屋根。鎧戸の白い窓枠も、増築されたらしい小屋（ペンキを塗ってない）も、その向こうの温室みたいな小屋も、かわいらしいだけでなく、なんだか暮らしの味わいがにじんでいる。洗濯干しのロープが、畑の上にむぞうさに張りめぐらされているのもとてもいい感じ。

私は脇道を通って、小川が流れているところまで行ってみた。チロチロと流れる透き通った水は、山からきているのかな？　野菜の洗い場のような、一段下がった枕木の踏み板に膝をつき、手の平にすくって飲んでみた。冷たくてとてもおいしい。ミネラルウォーターを捨て、小川の水と入れかえる。

草むらの小道に腰かけ、川の水を飲みながら目の前の山を眺めた。山のすぐ手前は家。山裾はなだらかな段々畑になっていて、ねぎやじゃがいもが植わっている。丸太を薄切りにした板でめぐらせてある柵の向こうには、木造りの立派な家が建っている。黒っぽい板壁で、屋根は青と緑を合わせたようななんともいえないいい色だ。山の家（山梨にあるうちのボロ別荘）を建て替えるときに参考になりそうなので、望遠モードにして何枚も写真を撮る。スケッチもしておく。

川原さんが来た。私は自慢な気持ちで、川の水を飲むように薦めた。

小川沿いの細道をゆく。山の家の理想のような家がたくさんあるので、写真を撮りながらゆっくり進んだ。はめごろしの窓ガラスが、どんなふうにして1ヶ所だけ開けられるようになっているかとか、雨樋の仕組や、屋根の素材の違いなども、参考になりそうなところをどんどん撮る。もとの坂道に戻って、北海道に住んでいる友人が好きそうな家の写真もどんどん撮る。人魚姫のウロコみたいに板を張りめぐらせた家、ヘンゼルとグレーテルのお菓子の家みたいな家。窓飾り（鎧戸つきの窓の上部についている）もいろいろで、折り紙に切り込みを入れて、パッと開いたような模様のもある。

川原さんも私も写真を撮りまくっていたら、中学生くらいの少年が、「ハーイ！」と言いながら自転車で通り過ぎた。門の前につっ立っているもうひとりの少年に目配せし、ロシア語で何か叫んでいる。「どうだ、僕は日本人に声をかけられたぜ！」とでも言っているんだろうか。

門の少年は、ポケットから煙草を1本取り出すとライターで火をつけた。そのうち奥に入ったかと思ったら、紫色の果物のようなのを持って出てきた。

「これ知ってる?」と私たちに近寄ってきて、「よかったら食べてみる?」なんて英語で言う。それは赤紫色に濡れた果実のようなもの。たぶん、若い松ぼっくりだ。お酢か何かに漬けて作ると言っているような気がする。

少年は松ぼっくりに爪を立て、蛇のウロコみたいな殻を、くわえ煙草ではがしはじめた。薄紫のとうもろこしの芯のようなのが表れる。1粒はずして薄皮を剥き、中から出てきた真っ白な実を食べてみせる。

私たちも真似して食べると、ゆで落花生のようなほんのり甘い味がした。果物みたいな酸味もある。梅干しの種を割ると出てくる「天神さん」にも似ている。「フクースナ！」と声を揃えると、少年ははにかみながらも嬉しそうな顔をした。口もとから、小さな八重歯がのぞいている。

この子は、私たちをナンパしたんだろうか。肩をすぼめて煙草に火をつける仕種も、ちょっと煙たそうに片目をつぶって煙をふかす様子も、せいいっぱい大人ぶっているみたい。日本人は若く見えるかもしれないけれど、私たちの歳を聞いたら驚くだろうな。それともただ、習ったばかりの英語を試してみたかっただけなのかな。

少年がやっていたように、殻を地面に落としながら「天神さん」を食べ食べ、湖に向かって歩く。湖畔では市場が開かれていた。

ターニャに薦められたオームリの薫製を食べてみたくて見てまわるが、同じような店がいくつも並んでいる。いちばんにこやかで、料理が上手そうな感じのするおばちゃんに声をかけてみる。指で身をたっぷりむしって味見をさせてくれたけど、「1匹ください」と言ったら、それをそのままビニール袋に入れてよこした。50ルーブル（約140円）。

立ち飲みレストランでバルチカビール（風車の絵）も買う。60ルーブル（約170円）。

店の外の丸い鉄板で、おじさんが炒めている羊肉とにんじんの焼飯も買う。これは、憧れのウズベク・ピラフにちがいない。『世界の料理・ロシア料理』にも写真入りで載っていたし、『犬が星見た』では、ウズベキスタンのホテルの夕食に、「焼飯（羊肉入り）」というのがあった。よそった焼飯の上に、輪切りの生の玉ねぎをたっぷりのせるのも本の写真の通り。きっとクミンシードが入っているはずだ。100ルーブル（約280円）。

2時半、砂浜のようになっているバイカル湖畔のベンチに腰かけ、昼ごはん。オームリの薫製、ウズベク・ピラフ、ビール、きのうお土産でもらったサラダ、魚のピロシキ、ジャムのピロシキもテーブルに並べて食べる。

ウズベク・ピラフのお米は細長い。スープで炊いたような味で、想像通りクミンシードも入っている。川原さんと「フクースナ！」と言い合いながら食べた。湖からの風が強く、あっという間に冷めてしまうのだけど、何を食べてもとてもおいしい。ビールは1本をふたりでまわし飲みした。

腹ごなしに湖畔の通りを歩く。ここはきのうタクシーで走った道。風が強いので、ストールをアラビア女のように髪に巻いた。

こんなに寒いのに、水しぶきを上げながら湖で泳いでいる男の子たちがいる。私は、湖でない側ばかり見ながら歩く。バイカル湖は、伊豆の海とそう変らない景色なので。気になる家をみつけると、近寄っていって写真を撮っては歩いた。壊しかけなのか、建てかけなのかは分からないけれど、骨組みだけの家がいくつもある。そういうのこそ参考になるので、ぶれないように気をつけながら写真を撮っておく。

橋を渡って奥の方へ入ってみた。『世界ふれあい街歩き』のテーマソングを、ふたりで口ずさみながら。川べりのなだらかな土手を歩く。この川はバイカル湖へ流れ込んでいるのだな。水たまりが大きくなったような池で、イカダを漕いでいる子どもたち。水辺の枝を切って束にしているおじさんに近寄ってゆき、「何の木ですか?」とためしに日本語で聞いてみた。すぐに通じたらしく、サウナで使う枝を切っているところと身ぶり手ぶりで教えてくれる。アゴのがっしりとしたイタリア人みたいな顔つきのおじさんは、「オレは54歳だけど、あんたはいくつ?」と、私の腕をそーっと撫でながらカタコトの英語で聞いてくる。「オレんとこは、息子がふたりと娘がひとりいる」と、親指から順に指を立てて見せる。

52歳だと私が答えると、「とても50代にゃあ見えない。40代くらいに見える」と、私のおくれ毛を触ったりしている。このおじさんは女ったらしだ。

それからは、生き物みたいにてらてらと照り返す川沿いの小道を歩いたり、川の縁ぎりぎりに腰かけたり、少し進んでは川原さんがスケッチしたり。私は草花を眺め、草をちぎって味見をしたり。なかなか前に進まない散歩だ。

7時半にホテルの食堂で夕ごはん。

私たちのほかにはドイツ人らしき老夫婦が4組と、国籍は分からないけれど、陽焼けした体格のいいおじいさんと、孫くらいに年の離れた若者。みなワインやビールのグラスを傾けながら、ゆっくり食べている。

私たちのテーブルにもサラダとマッシュポテトの大皿、カゴに盛られた黒パン、バター、チェリージャム、茶色っぽいパンケーキ（そば粉入りらしい）、オレンジを薄く切って並べたものがセットしてある。

川原さんと向かい合わせに座ると、給仕の女の子が飲み物を聞きにきた。ワインはフランスのものしかないそうなので、ロシアのビールをたのむ。

まず、サラダを取り分ける。キャベツ、きゅうり、パプリカ、スライス玉ねぎ。きのうナースチャの家で食べたサラダと同じように、野菜を塩もみしてあるみたい。ほんのりにんにくの味もする。私はおかわりした。

サラダを食べ終わったころ、女主人のタチアナさんがオームリを運んでくれた。ここのは尾頭つきのまま、チーズをたっぷりのせてオーブンで焼いてある。ところどころに散らばったパプリカの赤が水玉模様みたい。マッシュポテトはまだ温かく、よそるとき、中からほわんと湯気が上った。

オームリは背骨も小骨もすっかり取りのぞいてあり、みじん切りの玉ねぎにカッテージチーズを混ぜたものがはさまっている。焼き上がりにレモンを絞ったような味もする。「うーん、フクースナ！」と言い合いながら食べる。

デザートのパンケーキは、オレンジのスライスとグラニュー糖をはさんで食べた。「フクースナ！」

部屋に戻ってシャワーを浴び、荷物の整理などしながら川原さんとくつろぐ。

川「ここって、ホテルほどつっけんどんじゃなく、B&Bほどベタベタしてなくて、気にかけながらも放っておいてくれる感じがすごくいいよね」

私「ほんと。お客さんとの距離もちょうどいい」

私は食事のとき、知らない旅行者どうしで会話をするのが苦手なのだけど、ここの人たちは目が合ったらにっこりするくらいで、それぞれが旅の相棒と会話を楽しんでいる。テーブルとテーブルの隙間はほどよく空いているし、スタッフの女の子たちもタチアナさんも、キッチンの入り口あたりで何かをしながらその空気を見守っている。

川原さんはシャワー。歯磨きをしてベッドに腹ばいになり、私は日記をつける。

昼間の散歩で偶然みつけた丸屋根の小さな教会のこと、蜜蠟のロウソクを売っていた無表情なおばちゃんのこと、びっくりするくらい大きな犬に吠えられたこと、村を見下ろす墓地のことなど書く。

墓地は、キンポウゲが咲き乱れる木道（板を渡してある）をぬけた先にあった。うっそうとした森の中に並んでいるお墓は、日本人捕虜のものかもしれなくて、イルクーツクまでの列車の重苦しい夜の空気を思い出してしまった。私は怖くて柵の向こうへ入れなかったけど、川原さんはお墓のまわりをゆっくり巡り、手を合わせていた。

6月29日（水）快晴、夜になって雨

曇っているときには山々の稜線が薄ぼけ、雲が浮かんでいるみたいに見えていたけれど、今朝はよく晴れて、遠くの山までくっきり見える。山のへこみが白くスジになっているのは、雪が積もっているのだな。バイカル湖は上の3センチばかしが濃い青色で、あとは薄い水色、向こう岸との境界線まで見える。川原さんはベランダに立ったまま写生している。

私はゆうべ、風邪の治りかけで痰がのどに絡み、咳き込まないよう姿勢を工夫したり、酢を混ぜた水を口に含ませたりして、朝方になってようやく眠れた。熟睡した感じもないのに、とてもすっきりしている。それはきっと、ここが気持ちのいい場所だからだ。あと1週間くらいこのホテルでゆっくりしたいな。ずっとここにいたら、おとぎ話みたいな小さな物語が書けそうな気がする。

9時45分に朝ごはん。

マンゴージュース、いろんなパンの盛り合わせ、目玉焼き、ベーコンのような四角いハム、薄く切ってきれいに並べたチーズ2種、バター、チェリージャム、ロシアの丸いお菓子。

目玉焼きが、白身のところからして驚くほどおいしい。黄身は薄黄色でとろっとろ、刻んだディルの葉がほんの少し散らしてある。これまで食べたどこのゆで卵も、しっかりとした固ゆでだ

ったから、黄身が半熟なのは、きっと新鮮な証拠なのだ。白身の焼き加減もふんわりみずみずしく、焦げているところがどこにもない。どうやって焼いたんだろう。

川原さんは半熟の卵が苦手。私にすすめられておそるおそる食べはじめたのだけど、「おいしい！」と目を丸くし、けっきょく2枚ともたいらげた。卵の匂いがしないのだそう。もしかしたら産みたてなのかも。庭のどこかでニワトリを飼っているんだろうか。

朝食後、スーツケースのパッキングをのんびりやって庭に出る。眩しくて目がシバシバする。陽ざしは強いけど、暑くない。タンクトップにカーディガンを羽織っているくらいがちょうどいい。

庭にはいろんな草花が咲いている。キンセンカ、シロツメクサ、アカツメクサ（スタッフの女の子がハーブティーに混ぜていたのだけど、ピッチャーが耐熱でなかったのか、お湯を注いだとたんに割れてしまい、飲むことができなかった。どんな味だったんだろう）、紫色の小さな花、ペンペン草に似たごま粒みたいに白い花、菜の花は、ふくらみかけた黄緑色の莢《さや》がつんつん天を差している。

門近くには、フキの葉を三角にしたような葉がニョキニョキ出ていた。濃い緑色の大きな葉っぱには見覚えがある。北海道の友人のところにも、道ばたにこういうのが自生していた。山ごぼうだと教わったような気がする。ここにはノラニンジンらしき花も、スズランも咲いているから、北海道の気候に似ているのかも。真冬は雪が積もって、バイカル湖がすっかり凍るそうだ。

そういえばリストヴャンカという村の名前には、「なんとか松のあるところ」という意味があるらしい。川原さんが通訳のターニャから教わった。肝心な松の名前は忘れてしまったそうだけど、それはきっと、この村をとり囲んでいる山々の針葉樹のことだろう。あとでターニャに会ったら聞いてみよう。

そのままひとりで散歩。湖へ降りる小道を逆方向に上ってみる。建築中らしき家がけっこうあり、丸太が組まれている。どの家も高床式なのは、地面が平らでないからか。いろんなやりかけの家があるので、段階を追って建て方を観察することができる。

人の姿は見えない。ここいらの人たちは、のんびり畑でもやりながら、自分たちの手で少しずつ家を建てているような気がする。もしかすると、なんとか松を山から切り倒し、利用しているのかもしれないな。

草原の間をぬうように流れるせせらぎ。洗濯をしているおばあちゃんが遠くに見える。きのう私が汲んで飲んだ小川の水は、ここの下流になるのだけれど、冷たくて清らかでおいしかったから、別にいいのだ。洗濯をしていたって、下まで流れてくる間に石ころや水草が浄化してくれるから、別にかまわないのだ。

さわさわと風になびく草、花から花へと飛びまわるミツバチ、白い蝶がそこらを舞っている。ハエは日本で見るよりふたまわりも大きく、足がたくましい。

セミよりもカエルよりもうんと小さな声だけど、草の中には虫がいて、ジャカジャカと鳴いている。

川原さんは早起きをして、朝ごはんの前にここらを散歩した。そのときには道ばたに牛が寝そべっていたそうだ。牧場らしきところもあったらしい。もっと上の方だろうか。

私も上まで行こうとしたのだけど、犬に吠えられ戻ってくる。このあたりの家はみな、番犬を飼っているのだ。1匹が吠えると、まわりの家でも恐ろしく大きな声で吠える。まるで連絡をとり合っているかのように。姿は見えないけれど、きっと大きな犬に違いない。

うちのホテルにも大犬がいて、ちょっとでも犬小屋のそばへ寄ろうものなら、「ヴァン！　ヴァン！　ヴァン！」と、ひと声ひと声くぎりながらしっかり吠える。ダークダックスのいちばん低音の人みたいな声。犬小屋のまわりは、草木がうっそうと茂っているので薄暗く、犬が寝ているときには焦げ茶色の古毛布が積み重なっているように見える。それが、上体を起こすと熊ほどの大きさで、長い毛がかぶさって顔が見えない。古毛布に見えるのは、たるんだ肉が折り重なっているんだと思う。何度見てもドキッとして、あとずさりしてしまう。

部屋に戻ってみて気がついた。

私は朝食のときにお湯を入れようとして、テーブルの上に水筒を置き忘れてきてしまった。川原さんに英語を教わってから取りにいく。

「I forgot my bottle, do you find it?」と口の中でくり返しながら、外階段（山の斜面に沿って白い石が敷き詰められ、板で一段一段をしきってある）を上って3階へ。

食堂のドアは少しだけ隙間が空いていた。ひと足踏み入れると、薄手の白いカーテンがふわりと風でふくらんだ。誰もいないみたい。ラジオからロシア語の声が低くしている。

窓の光がカーテンを透かしている。外があまりに明るいから、食堂は暗く見える。ハチがブーンと飛んでいる。サイドテーブルの白いクロスの上には、朝食のときと変らずティーカップがふせてあった。濃くいれた紅茶のポットとエバミルク。小花模様のグラニュー糖入れに、スミレ色の小さなキャンディー。紅茶を薄めるためのお湯もたっぷり用意され、いつでも、誰でも、自由にここに入ってきてお茶が飲めるようになっている。

私の水筒は、置き忘れたテーブルの角のところから1ミリも動かされずに、ぽつんと立っていた。しかも、お湯がいっぱいに詰まっていた。

さっき、私の紅茶を薄め終わったところで、ポットのお湯がなくなって、タチアナさんがつぎ足そうとしていたのだった。それを目のはしで追いながら、ティーカップを持ってベランダから部屋に戻ってきてしまった。

スタッフの女の子たちにもさっき外で会ったのに、笑顔を向けられただけだった。たぶん水筒のことを伝えたら私は謝るだろうし、慌てて食堂へ取りに戻るのが分かっていて、わざと知らんぷりをしてくれていたような気がする。

お客さんが自分で気づくまで、何もしないで待っている。もしも誰かに盗られてしまうようなことがあっても、それは忘れていったあなたのせい……すべてはなりゆきまかせ。情はあるけどベタベタとみせつけず、おおらかで、悠然としていて、乾いた風に撫でられるようなやさしさだ。こういうもてなしの仕方って、ロシア独自のものなんだろうか。

だいたいこのホテルは、チェックインのときにパスポートさえ見せなかった。今日もチェックアウトは12時なのに、チャーターバスがくるのが2時だから、それまではゆっくりしていていいという。

チャーターバスは6人乗りの黄色いバン。約束の2時ちょうどに迎えにきた。

隣の席には、きのう食堂で見かけたおじいさんが座った。若者はやっぱり孫で、去年の暮れから世界中をふたりで旅しているらしい。オーストラリア人だそう。

ひとしきり自己紹介をしたあと、「ツナミはだいじょうぶでしたか?」と尋ねられる。「私たちの住んでいるところはだいじょうぶでした」と、川原さんが英語で答えた。

震災について尋ねられたのはこれで2度目。

1度目はウラジオストクのバスに乗り合わせた、見知らぬおじさんからだった。通訳の人たちも、シベリア鉄道で同室だったイーグルとニコライも、たわいない会話をしていただけで、何も聞かれなかった。心遣いだったんだと思う。

7　イルクーツク

3時半にイルクーツクに到着し、チェックイン。

とても近代的な新しいホテルの5階の部屋。

ロシアのホテルには、テレビとドライヤーがないものとばかり思い込んでいたのだけど、ここは両方とも揃っている。壁が真っ白で、バスルームもピカピカに磨き上げられ、漂白剤の匂いがほんのり残っている。

洗面所の鏡は、ロシア人向けにできているみたい。『犬が星見た』で百合子さんが書いていたように、目から上しか映らない。

さっき、チャーターバスの中で、「センダイで地震があったそうです」とオーストラリア人のおじいさんが言っていた。テレビのニュースで、先週くらいにやっていたらしい。そのことを思い出すと、心に暗い雲が広がる。私たちの国はだいじょうぶだろうか。梅雨どきで、重たい空気におおわれているんじゃないだろうか。

けどそれも、明日の夜、飛行機に乗って東京に着けば分かること。それまではわざとテレビもつけないし、ここにはインターネットカフェもあるみたいだけれど、わざと何も調べない。ふたりともなんとなしにくたびれているようなので、スーパーで何かみつくろい、夕食は部屋で食べようということになった。

ロビーで待ち合わせていたターニャに伝えると、顔色をまったく変えずに、「そうですか、分かりました。ここから歩いて5分のところにスーパーがあります」と笑顔のまま案内してくれた。今日のターニャはワンピースにサンダル姿。髪もまとめ、薄化粧をしている。私たちとレストランに行く約束をしていたからだ。

スーパーは、日本のコンビニくらいの大きさのお店。ビール2本と水、きのこ&サワークリーム味のポテトチップス、青りんご。お惣菜がいろいろ並んでいるデリでは、食べたいものを指差して買った。プラスチックのお弁当箱みたいな容れ物に、1種類ずつ入れてくれる。

ホテルの玄関で、ターニャは旦那さんに電話をかけていた。その幸せそうな横顔。今夜の夕食は、お母さんに預けていた息子を引き取って、3人で食べるんだろうな。

部屋に戻ってシャワーを浴び、ベッドに寝転ぶと、大きな窓からは空しか見えない。天空に浮かぶホテルのよう。とてもいい眺め。

床に座ってベッドによりかかり、ビールをラッパ飲みする。水色の残る空に、ひきちぎられた雲の間から、黄色い光がもれている。窓枠が額縁の、印象派の絵を眺めているみたい。

ビール瓶を持って窓際に移動してみる。

ホテルの目の前は噴水のある公園みたいだけれど、ひっきりなしに車が行き来している。Rが逆さになった文字に♡、Nの逆さ、PKYTCKと書かれた大きな横長の垂れ幕が、ビルの端から端までおおっている。工事中らしいビル、赤と白のストライプの煙突が1本、遠くの方に見える。整然と並んだ街路樹は緑が乾いているようで、都会の喧噪しか感じられない。私はここを、あまり好きではないのかも。

8時に夕食。ベッドの間にクロス代わりの白いふろしきをしき、パックのままのお惣菜を並べた。

きゅうりのピクルス、スモークサーモン（厚切りが3枚）、キャベツのサラダ（きゅうり、マイタケによく似たきのこ入り）、ビーツのサラダ（じゃがいも、玉ねぎ、キャベツ、グリンピース、ディル入り）、コートレット（じゃがいものコロッケに、チキンとマッシュルームとホワイトソースが混ざったような味）、チキンのもも焼き。

何を食べてもとてもおいしい。きゅうりのピクルスは酸味がほとんどなく、切り方も味の感じも日本のぬか漬けにそっくりだ。

夕食が終わり、川原さんは窓の外をスケッチしている。

9時45分、窓を開けると、夕陽がほんのわずかに見えるという。私ものぞいてみると、車の音と夕方の空気が、窓の隙間からいちどにすべり込んできた。

私は、イルクーツクのことがまだよく分からない。街路樹に彩られた美しい街並は「シベリアのパリ」と呼ばれているそうだけど、ホテルに着いたときには28度の暑さで人通りも多く、埃っぽかった。

スーパーの行き帰りに見たレーニン通りは、東京の官庁街みたいだったし、今こうして見下ろしていると、中国の上海のホテルにいるような気もしてくる。

どちらにしても、今夜はもう外に出ないと決めているので、歯磨きをすませて寝そべり、ベッドでちびちびウォッカを舐めながら、こうして日記をつけている。その楽しさよ。

川原さんはまだ絵を描いている。

私は枕もとの電気を消し、目をつぶる。

しばらくうとうとして目を開けると、川原さんが水族館のガラスにはりついていた。これまで描いた絵がベッドの上に何枚も散らばっている。左足は椅子に、右足をベッドの上でくの字に曲げ、ストレッチみたいなおかしな格好で、蒼い蒼い水槽の絵を描いている。ランプシェードのオレンジ色の光に照らされながら。

私はまた目をつぶった。

次に目を開けたときには、窓の隙間にはさまり、外に身を乗り出すようにしながら描いていた。寒くないんだろうか。心の中で私は応援する（行け、カワハラ画伯！）。

トタン屋根を打ちつけるような、とてもよく知っている懐かしい音で目を覚ますと、雨が降っていて、こんどは窓の外がクリスマスケーキになっていた。

白くライトアップされた向かいのビルは、暗闇に浮かび上がった3段重ねのケーキ。窓を濡らす雨粒は、ケーキを飾る銀の玉。そのまわりで何本ものロウソクの炎が、オレンジ色に瞬いている。

夢のよう。私は寝ぼけているんだろうか。

次に目が覚めてトイレに立つと、川原さんは床に画材を広げ、まだ絵を描いていた。

12時40分。私はそのまま寝てしまう。

6月30日（木）ぼんやりした晴れ

ついにロシア最後の日、9時半に起きる。

川原さんは朝ごはんを食べに降りていったけど、私は行かない。シャワーを浴びて、きのうのことなど思い返しながら日記を書いている。

ゆうべは寝ながら、窓について考えていた。

船でウラジオストクに着いて、はじめて泊まったホテルの窓からは、赤毛のロシア女が霧の中を歩いてくるのが見えた。シベリア鉄道では、陽が昇りかけた原野と、果てしなく続く白樺の原生林。ゆるやかすぎて流れていないように見える大きな川には、茜色の空が映っていた。

ハバロフスクのホテルの窓からは、ポプラの綿毛が空に舞うのを飽きずに眺めていた。いつまでも暗くならないウラン・ウデの蒼い夜、リストヴャンカ村の山に降り注ぐ雨。そして、ここイルクーツクの天空の窓。

私はずっと、窓ばかり見ていたような気がする。窓のこちら側から、ロシアを見ていた。

部屋の中が私の内面で、窓は皮膚。私の内面は確乎としてそこにあるのだけど、感受性だけしかそこにはないような。本当は、どこへも出かけてなどいなかったような。

青いりんごを齧りながら、これを書いている。

風邪はもうひと息で治りそう。ゆうべもまた咳で目が覚め、よく眠れなかったけど、いつものことなのでまったく問題ない。けっきょく今まででふつうに眠れたのは、ハバロフスクの「ツェントラリナヤホテル」と、ウラン・ウデの2泊のみだった。

イルクーツクという街は、もしかすると今まで泊まった中でいちばん都会なのかもしれない。夜遅くまでやっているスーパーが近所にあるし、ホテルのシャワーも熱いお湯がたっぷり出る。それとも、こんなふうに都会の匂いばかり感じとってしまうのは、私の心が東京の近くにいるからなのかな。心はもうロシアから離れ、帰りたがっているのかな。

川原さんが食堂から戻ってきた。パンをもらってきてくれた。もらってきてくれるといいなと思っていたので、とても嬉しい。

毎日ずっと一緒にいると、テレパシーが使えるようになるみたい。ゆうべ寝る前に、「ターニャに質問すること。リストヴャンカはなんとか松のあるところ」と書きとめておいたのだけど、川原さんのメモにも、一字一句違わずまったく同じ文句で記してあった。

廊下に出てお湯をもらってくる。紅茶をいれ、ビーツのサラダの残りと黒パン、カップケーキで朝ごはん。

今日は、ターニャがロシア料理の本をプレゼントしてくれることになっている。いつも自分が使っている大好きな本で、カラー写真もたくさん載っているらしい。必要ならロシア語を訳してくれるそう。

帰りの飛行機が夜中の3時半に出発なので、そこから逆算し、今日1日の予定を立てる。フロントで確かめたら、料金を支払えば夜中の12時までホテルでゆっくりしていていいとのこと。

お土産を買いに市場へも行きたいし、ナースチャたちの家で見た、昔ながらのロシアの食器も欲しい。そして、ロシアといえばボルシチなのに、いちども食べていないから、レストランにも行きたい。

以下、川原さんが記したメモ。（　）は、たっぷりめに想定した時間。

1：00　市場へ
3：00　戻る（3：30）
　　　ターニャと料理本の勉強

4：00　レストラン（5：30）
6：00　戻る（7：30）
　　　ひと眠りして、ゆっくり荷物をまとめる
12：00　ターニャとロビーで待ち合わせ
　　　空港へ出発

ターニャに通訳してもらいながら、市場で黒パン（キャラウェイシード入り）、ソーセージ、ニシンの缶詰、キャビア、干した梨や青りんご（煮出して飲み物にするらしい）、量り売りのミックススパイス（ローズヒップや唐辛子、ディルなど色とりどりのスパイスが混ざっている。店番のお兄さんが味見をさせてくれたのだけど、香り高くほんのり甘みがあった。ピラフ用だそう）を買う。

デパート（ターニャはスーパーという）の中にいくつもある食器屋さんをまわり、バラの花の絵のついたマグカップなどいろいろ選んでいるうちに、私は熱が出てきた。

デパート内のファストフードのお店で休憩。ターニャは木いちごのジュース、私はカフェオレとホットドッグ（白パンにソーセージとケチャップがはさまっている）、川原さんはハンバーガーとシュークリーム。

ホテルに戻り、ターニャに料理本を訳してもらう。私は老眼鏡をかけ、気になる料理の分量などどんどん書き込んだ。とくにブリヌイ（パンケーキ）は念入りに教わる。

少し休んでからレストランへ。

まだ熱っぽいし、くたびれてもいるのだけど、タクシーで向かう。

レストランは古めかしい建物で、とても雰囲気のあるお店。けれど、ボルシチは夜のメニューらしく、今は用意できないとのこと。ロシアの人たちはボルシチのことをあまり特別に思っていないらしい。ペリメニの方が好きなのだそう。

夕「クリスマスとお正月には、ペリメニを必ず食べます。あと、お正月に作るオリビエというサラダが、みんな大好きです。じゃがいも、卵、ソーセージか肉、にんじん、グリンピースをマヨネーズで和えて、食べきれないほどたっぷり作ります。冬はとても寒いですが、たのしみなことがたくさんあるので、おもしろいです」

ドライニキ（じゃがいものせん切りのパンケーキ、サワークリーム添え。ドライフルーツが入っていてほの甘い）、スモークサーモンとパルミジャーノチーズのサラダ、トマトとクリームチーズと黒オリーブのサラダをたのむ。

どれも、ロシア料理というよりイタリアンが混ざったような感じの味。白くて大きなお皿の真ん中に、ちょこんと盛りつけてある。現代的なんだろうか。おいしいけど、ふつうの味。

リストヴャンカの意味も忘れずに聞いた。

「カラ松林のあるところ」、だそう。

ターニャはアルマ・アタ（現在ではアルマトイ）に友人がいて、ちょくちょく遊びにいっているという。そこは『犬が星見た』の中で、泰淳さんがとても行きたがっていた場所。飛行機が遅れたため、空港から出ることがかなわず、あきらめたところだ。

タ「アルマトイはカザフスタンの都で、山脈に囲まれたオアシスみたいなところです。果物がたくさんあります。りんごは安いです。バラの花は、どこにでも咲いています。樫の木もたくさん。噴水もすばらしいです。若者は、大部分が英語を話せます。それからウズベキスタンの都、タシケントもとてもきれいなところです」

来年なのか、さ来年なのか、まだ分からないけれど、私たちはまた、『犬が星見た』の続きの旅をする。

もういちどイルクーツクに戻ってはじめるのなら、またターニャにガイドをお願いしたいな。そしたら、アルマ・アタへも連れていってもらおう。

そして私は、百合子さんたちが訪ねたウズベキスタンの砂漠に行ってみたい。陽の照りわたった砂の上を、チラッチラッと白い閃光のように走るとかげを見てみたいし、ゆで卵が包まれた羊肉のハンバーグや大釜のピラフ、オレンジ色の油の輪っかが浮かんだ雑炊、真ん中に判子が押されたお盆のように大きなパンを、どうしても食べてみたい。

ロシア旅程　２０１１年６月（表示は現地時間）

18日　日本出発。羽田空港から米子空港へ（空路）、
　　境港より出港。海路でロシアへ。（フェリーで２泊）
19日　韓国の東海（トンへ）に寄港、少し上陸。
20日　ウラジオストク港、予定より１時間遅れの16時到着、１泊。
21日　21時半、シベリア鉄道・オケアン号でウラジオストク駅出発。
22日　朝、ハバロフスク駅着。ツェントラリナヤホテルで１泊。
23日　昼前、ハバロフスク駅出発、シベリア鉄道・ロシア号で２泊。
24日　終日、ロシア号。
25日　昼前、ウラン・ウデ駅到着、１泊。
26日　まる１日過ごして真夜中、ウラン・ウデ駅出発。（３等列車）
27日　朝、イルクーツク駅到着。
　　タクシーでバイカル湖畔のリストヴャンカ村へ。２泊。
28日　終日、リストヴャンカ村。
29日　14時、チャーターバスでイルクーツクへ。１泊。
30日　まる１日過ごして深夜、イルクーツク空港。空路で帰国。

あとがき

ロシアの旅は２０１１年、東北に大震災があった年の６月のことでした。わずか３ヶ月ののち、頭も体もまだふわふわと心もとない状態のまま船に乗り、気づけば憧れの地ロシアに絵描きの友人川原真由美さんと立っていました。

シベリア鉄道は百合子さんたちの時代に比べればずっと快適で、新品のような車両でした。けれども夜中にガッタン！　と、それはそれは大きく揺れることがあり、そのたびに眠りの底からハッと揺り動かされました。きっと、地震の揺れの感触がまだ体に残っていたのでしょう。

ロシアの人たちはみな、日本人を見たら質問攻めにしたかったでしょうに、どこへ行っても、誰に会っても、通訳さんさえも地震や津波の話にはいっさいふれることがありませんでした（ウラジオストクのバスに乗り合わせた見知らぬおじさんと、リストヴャンカのホテルで一緒だったオーストラリア人のおじいさんに、ひとことだけ尋ねられました）。きっと、私たちがおおらかに旅ができるようにとの心遣いだったのでしょう。きびしい気候と、長く苦しい時代を過ごしてきたロシア人たちの民族の血には、礼儀や作法などという約束事にはおさまらない、重みのある熱い想いが息づいているのだと感じました。

もう、5年も前の記録なのに、こうして本にしていただけること、とてもうれしく、ありがたく思います。

続編の『ウズベキスタン日記——空想料理の故郷へ』の2冊にわたり、敬愛するデザイナー葛西薫さんが、立派な装丁の本に仕立ててくださいました。この場を借りてお礼を申し上げます。ありがとうございました。

5年の間にはいろいろなことがあり、今年の春、私は神戸に引っ越してきました。急な坂道のてっぺんにあるアパートメントなので、窓から海と空が見渡せます。

東京オリンピックのころに建てられたというこの古い建物は、天井が高く、そっけないくらいに頑丈で、どことなくロシアのホテルに似ています。エレベーターの古めかしいボタンの感じや、クリーム色がかった壁、市松模様のリノリウムの床。たまにシーツを干しに屋上へ上るのですが、柵の向こうは大海原で、遠くの方から汽笛がボーッと聞こえます。だだっ広い白いだけのコンクリの床といい、機械室の小部屋へ続く錆びた鉄の梯子といい、ここはまるで、ウラジオストクに向かう船上の甲板のようです。

いつまでたっても日が暮れない夕方、川原さんと「光の大通り」を飽きずに眺めていたことなど、懐しく思い出したりしています。

2016年6月　梅雨の晴れ間に　　高山なおみ

高山なおみ

1958年静岡県生まれ。レストランのシェフを経て料理家に。文筆家としても活躍。著書に、『帰ってから、お腹がすいてもいいようにと思ったのだ。』、『日々ごはん』、『フランス日記』、『高山ふとんシネマ』、『押し入れの虫干し』、『明日もいち日、ぶじ日記』、『気ぬけごはん』、『高山なおみのはなべろ読書記』、『きえもの日記』など。近刊に『帰ってきた 日々ごはん②』、本書と同時発売の『ウズベキスタン日記』がある。『野菜だより』、『料理＝高山なおみ』、『実用の料理 ごはん』ほか料理本も多数。絵本にも取り組んでおり、『どもるどだっく』、近刊『たべたあい』（いずれも絵・中野真典）を準備中。夫・スイセイ（発明家・工作家）との初めての共著『ココアどこ わたしはゴマだれ』が2016年秋に刊行予定。

初出
季刊誌『考える人』2011年秋号〜13年夏号、連載「『犬が星見た』をめぐる旅」。

ロシア日記《にっき》——シベリア鉄道《てつどう》に乗《の》って

著者

高山《たかやま》なおみ

発行

2016年7月30日

発行者 佐藤隆信

発行所 株式会社新潮社

〒162-8711 東京都新宿区矢来町71

電話 編集部03-3266-5411

読者係03-3266-5111

http://www.shinchosha.co.jp

印刷所

大日本印刷株式会社

製本所

大口製本印刷株式会社

乱丁・落丁本は、ご面倒ですが小社読者係宛お送り下さい。
送料小社負担にてお取替えいたします。
価格はカバーに表示してあります。

ISBN978-4-10-333133-9 C0095

『犬が星見た』をめぐる旅

ウズベキスタン日記

空想料理の故郷へ

高山なおみ

砂漠で飲む熱いお茶は、
なんておいしいんだろう。
古都のバザールで、
灼熱の砂漠で、ひなびた村で。
言葉が通じないほうが、分かりあえる――。
出会いに満ちた極上の旅の記録。

絵・川原真由美